Double jeu

Jean-Philippe Blondel

Double jeu

Worterklärungen
von Laure Boivin

Ernst Klett Sprachen
Stuttgart

1. Auflage 1 [5 4 3 2 1] | 2019 18 17

www.klett-sprachen.de

Worterklärungen von Laure Boivin

Redaktion: Elena Bergmann
Layoutkonzeption: Elmar Feuerbach
Gestaltung und Satz: Satzkasten, Stuttgart
Umschlaggestaltung: Andreas Drabarek
Titelbild: Shutterstock (Andrey_Kuzmin), New York + Shutterstock (rangizzz), New York + Shutterstock (maxone), New York
Druck und Bindung: Medienhaus Plump GmbH, Rheinbreitbach

Printed in Germany

ISBN 978-3-12-592304-1

Table des matières

Liste des abréviations 6

ACTE I **7**
SCÈNE I 9
SCÈNE II 20
SCÈNE III 29
SCÈNE IV 37
SCÈNE V 42
SCÈNE VI 47
SCÈNE VII 51

ACTE II **59**
SCÈNE I 61
SCÈNE II 67
SCÈNE III 74
SCÈNE IV 78
SCÈNE V 84

ACTE III **93**
SCÈNE I 95
SCÈNE II 100
SCÈNE III 105
SCÈNE IV 111
SCÈNE V 115

Biographie 118

Bibliographie 119

Liste des abréviations

≠	antonyme de
→	mot de la même famille
°	h aspiré (pas de liaison : *le/la* devant un substantif, *je* devant un verbe)
arg	argot
enfantin	langage enfantin
etw	etwas
f	féminin
fam	familier
fig	figuratif
fpl	féminin pluriel
hist	histoire
iron	ironique
jdm	jemandem
jdn	jemanden
jds	jemandes
litt	littéraire
m	masculin
mpl	masculin pluriel
péj	péjoratif
qc	quelque chose
qn	quelqu'un
vulg	vulgaire
vx	emploi vieilli

ACTE I

SCÈNE I

10 SEPTEMBRE

DÉJÀ CINQ JOURS QU'ON EST RENTRÉS. Je raye avec application les pages de mon agenda. Je me demande combien de temps je vais tenir. J'écoute d'une oreille le cours d'histoire-géo. Ce qui est bien, avec cette matière-là, c'est que tu peux t'absenter mentalement sans aucun problème. On ne te demande pas de participer. Tu prends des notes ou tu fais semblant et ça suffit pour faire le bonheur du prof, Largentier.

Je m'évade. Je me demande ce que font les autres, à Saint-Ex, mon ancien bahut. Mais c'est idiot. De toute façon, la classe de seconde de l'an dernier a été éclatée – il y a tous ceux qui, comme Dylan, sont passés en STMG, pour faire dans le commercial ou pour glander ; les quelques têtes de classe qui sont maintenant en scientifique ; ceux qui ont quitté le lycée, les trois ou quatre redoublants et la poignée qui a opté pour ES. Je crois qu'il n'y a qu'Astrid et moi qui ayons choisi la filière littéraire. Enfin, « choisi », c'est un bien grand mot dans mon cas même si, au fond, c'est ce qui m'intéresse le plus. J'aimerais bien savoir ce que devient Astrid. Je l'aimais bien, cette fille. Elle ne faisait pas d'histoires, ne fayotait jamais, ne rentrait pas dans les conflits. Elle suivait son chemin. Je pourrais lui téléphoner. J'ai son numéro de portable. Mais bon, je ne sais pas trop ce que je lui dirais. On n'était pas proches, non plus. Elle riait de temps à autre aux blagues qu'on faisait, avec Dylan, et puis c'est tout. Je me demande qui ils ont en histoire-géo. Je n'ai eu aucune nouvelle de personne, excepté Dylan, depuis que je suis ici.

3 **rayer qc** etw durchstreichen– 4 **l'application** *f ici :* Eifer – 10 **s'évader** flüchten – 11 **un bahut** *fam* un lycée – 13 **STMG** *abrév de* sciences et technologies du management et de la gestion (spécialisation qu'on peut choisir en première) – 14 **glander** *fam* ne rien faire – 16 **une poignée** *ici :* quelques uns – 17 **ES** *abrév de* économique et social – 17 **une filière** *ici :* Schwerpunkt im Gymnasium – 21 **fayoter** *fam* sich anbiedern

Tout seul.

Seul à cette table aussi, au fond, à droite. Personne pour s'asseoir à côté de moi. Normal. Ils se connaissent tous, ils étaient déjà à Clemenceau l'an dernier – à part les neuf ou dix énergumènes qui ont voulu faire l'option théâtre ici parce que, paraît-il, c'est la meilleure du département, voire de la région. Eux aussi, ils ont déjà noué des liens. Au début, ils étaient prêts à m'inclure dans leur groupe, mais quand ils ont su que je venais de Saint-Ex, et surtout que je ne suivais pas les cours d'art dramatique, comme ils disent, ils m'ont vite laissé de côté. Je ne m'en plains pas. Je n'ai pas envie d'être aggloméré. Je ne fais pas partie de cette classe. Ni de ce lycée. Ni de ce coin de la ville. Je suis un électron libre. Voilà. J'aime bien me dire ça, « électron libre », ça me rassure.

Ça ne rassure pas tellement les profs.

Avec la tête que je tire et les casseroles que je traîne, ils s'attendent à tout de ma part, je suis sûr. J'imagine aussi que la plupart d'entre eux ont déjà leur idée toute faite, je suis un emmerdeur et ils attendent le premier pas de travers pour me saquer et me virer. Ou alors, ils ont peur. Je suis persuadé que Largentier, par exemple, est terrifié. C'est le genre de gars qui doit trembler dans ses chaussettes quand j'entre dans la classe le matin, et qui doit prier pour que tout se passe normalement.

Il ne devrait pas s'inquiéter comme ça. Je ne ferai pas de vagues – surtout si je ne trouve pas d'autre surfeur pour m'entraîner dans les rouleaux. Je me suis signé un contrat moral. On n'aura rien à me reprocher question attitude. Ce

5 **un énergumène** *fam ici :* un individu original – 6 **voire** ja sogar – 7 **nouer des liens** se lier d'amitié avec qn – 11 **agglomérer** *ici :* eingliedern – 16 **tirer une tête** *fam* ein Gesicht ziehen – 16 **traîner des casseroles** *fpl expr fig* avoir une mauvaise réputation à cause de choses négatives qu'on a faites dans le passé – 19 **un emmerdeur** *fam* Nervensäge – 19 **de travers** ≠ tout droit (*ici : fig*) – 20 **saquer qn** *fam ici :* noter durement qn – 20 **virer qn** *fam ici :* jdn von der Schule schmeißen – 27 **un rouleau** *ici :* une vague – 28 **reprocher** vorwerfen

n'est pas pour ça que je me mettrai à travailler non plus, faut pas exagérer.

Ce qui me fait tenir toute la journée, c'est de savoir qu'à 17 h 30, je retraverse la ville et je retourne chez moi. Ce soir, je taperai un petit basket avec Dylan. On prendra une bière ou deux, à moins qu'il n'ait de quoi fumer. La vraie vie, quoi.

Les autres, là, ceux de ma classe, la première L de Clémenceau, je n'ai rien à voir avec eux. D'abord, pour les trois quarts, ce sont des filles qui ont des prénoms qui trahissent leurs origines, genre Laure-Marie, Anastasia ; qui portent les fringues de leur mère et qui pouffent parce qu'elles ont bu une gorgée de panaché à la dernière fête de Heathcliff – si, si, il y a un mec dans ma classe qui s'appelle comme ça, Heathcliff, il paraît que c'est une référence à un roman anglais du XIXe siècle ou un truc dans le genre. Les mecs, n'en parlons pas. Ils sont tous nés du bon côté de la barrière, leurs jeans sont savamment déchirés, ils ont des piercings parce qu'ils sont trop rebelles, ils écoutent les derniers groupes de rock anglais à la mode, et ils vont voir des concerts dans des caves en frissonnant de leur audace.

J'exagère, sûrement. J'en suis conscient.

Mais je ne suis pas d'humeur.

Je pense à mes copains de Saint-Ex. Aux conneries qu'on a faites l'an dernier. Belle année. Et puis fatalement, à la rencontre avec Thénard, le proviseur.

Chaque fois que je me repasse la scène, je ne peux pas m'empêcher de plisser les lèvres en une moue de dégoût. Tiens, c'est une expression qu'a utilisée la prof de français de Clemenceau, la Fernandez, pendant le dernier cours.

6 **avoir de quoi fumer** *fam* etw zu rauchen haben – 11 **les fringues** *fpl fam* les vêtements – 11 **pouffer** *fam* rire bêtement – 12 **un panaché** Radler/Alsterwasser – 13 **un mec** *fam* un garçon – 20 **frissonner** trembler – 20 **l'audace** *f* le courage – 22 **(ne pas) être d'humeur** (nicht) gut drauf sein – 23 **une connerie** *fam* une bêtise – 25 **un proviseur** Schulleiter – 27 **plisser les lèvres en une moue de dégoût** *m* vor Abscheu den Mund verziehen

« Plisser les lèvres en une moue de dégoût ». Elle me regardait. Je ne suis pas parvenu à savoir si c'est ce qu'elle ressentait en me voyant ou si c'était l'image que je lui renvoyais. J'ai soutenu son regard. Je sais bien faire ça. On me l'a assez reproché l'an dernier. Mon insolence. La façon que j'ai de fixer les gens.

C'est un des nombreux points qu'a abordés Thénard, pendant l'entretien.

L'entretien, encore un bien grand mot, oui.

Le flingage, plutôt.

La guillotine.

Ma rencontre avec Thénard.

J'étais confiant, moi – j'avais cette inconscience-là. Je n'avais pas du tout peur. J'étais persuadé qu'il s'agirait d'une conversation entre deux adultes et que nous échangerions des points de vue. De là où je me tiens, aujourd'hui, je ne comprends pas comment j'ai pu être aussi naïf. Et aussi prétentieux. Ce que je n'avais pas anticipé, c'est que mes parents seraient là aussi. Qu'en fait, j'aurais trois ennemis en face de moi et pas un. Quand j'ai vu ma mère dans le tailleur qu'elle ne met que pour les mariages, et mon père dans son costume trop serré, c'est comme si le ciel m'était tombé sur la tête. Ils ne m'avaient pas prévenu. Il faut dire à leur décharge que, les semaines qui avaient précédé le rendez-vous, je n'avais pas été très présent à la maison. Je traînais avec Dylan et d'autres. C'est facile de traîner dans le quartier où je suis né. C'est une des activités préférées des moins de vingt ans. J'habite au quatrième étage d'un immeuble, au milieu d'autres immeubles. Mais il ne faut pas croire que c'est l'enfer non plus. Les bâtiments n'ont pas plus de cinq étages, et il n'y en a qu'une dizaine. Il y a aussi deux parcs pour les enfants – mais l'un des deux est quand même bien détérioré et il sert de lieu

2 **parvenir** réussir – 3 **soutenir le regard de qn** jds Blick standhalten – 5 **l'insolence** *f* Frechheit – 9 **le flingage** *fam ici :* Abknallen – 17 **prétentieux** arrogant – 19 **un tailleur** *ici :* Kostüm – 21 **un costume** Anzug – 21 **serré** *ici :* eng – 22 **à la décharge de qn** zu jds Entlastung – 24 **traîner** *fam* herumhängen – 28 **l'enfer** *m* Hölle – 31 **détérioré** beschädigt

de réunion aux amateurs de fumette, le soir. La mairie nous a promis la création d'un skate-park et d'un grand espace vert, mais les travaux sont restés en plan – manque de moyens – et il ne reste que des monticules de terre que j'aimais bien dévaler à vélo, avant.

C'était là que j'étais d'ailleurs la veille de l'entrevue avec Thénard. En compagnie de Dylan. Sur un des monticules. Nous ne faisions rien de particulier. Nous ne discutions presque pas. Nous envoyions des SMS. Nous regardions des vidéos sur YouTube – Dylan venait de récupérer un portable tactile flambant neuf. Je savais qu'il ne fallait pas poser de questions sur sa provenance.

En me voyant, le proviseur a enlevé ses lunettes et il a plissé les yeux. Je savais que c'était mauvais signe. J'ai perdu de ma superbe.

– Monsieur Silber, asseyez-vous. Comme vous vous en doutez, nous venons de parler de vous.

Sa voix. Je suis sensible aux voix. À un point que je me demande parfois si je suis normal. Certains chanteurs – ceux qui ont le timbre enroué, fatigué, avec des milliers d'heures de vol dans les cordes vocales – peuvent me faire venir les larmes aux yeux, et alors là, c'est la panique, parce que pleurer, hors de question. Je sais bien que ce n'est pas une honte de chialer pour un homme et qu'il faut savoir montrer ses faiblesses, etc., mais pour moi, c'est niet.

Il n'est pas encore né celui qui me fera craquer. Ou celle.

Pourtant, dans le bureau de Thénard, j'ai été à deux doigts. Pas à cause de lui, non. Je connaissais par cœur ses manières onctueuses, ses chemises mauves et bleu ciel, ses

1 **un amateur de qc** qn qui aime qc – 1 **la fumette** *fam* le fait de fumer de la drogue – 2 **un espace vert** un parc, un jardin – 3 **rester en plan** ≠ avancer – 4 **un monticule** *ici :* une colline – 4 **dévaler** *ici :* hinunterfahren – 10 **tactile** *ici :* mit Touchscreen – 12 **la provenance** Herkunft – 13 **plisser les yeux** die Augen zusammenkneifen – 14 **perdre de sa superbe** être moins fier, moins sûr de soi – 20 **enroué** heiser – 21 **les cordes vocales** *fpl* Stimmbänder – 23 **chialer** *fam* pleurer – 25 **niet** *fam* non – 26 **craquer** *ici :* weichwerden – 27 **être à deux doigts de faire qc** *expr* presque faire qc – 29 **onctueux** *ici :* schleimig – 29 **mauve** blasslila

pompes cirées qui lui serrent trop les pieds, ses phrases qui s'enchaînent et vous entortillent comme le serpent Kaa dans *Le Livre de la jungle*, si bien qu'au bout de quelques minutes vous êtes hypnotisés et que c'est le moment qu'il choisit pour vous envoyer le poison. « Porter l'estocade », ça s'appelle. J'aime bien les expressions comme celle-là. Celles que les autres ne comprennent pas toujours. Celles qui sonnent.

Non, ce qui m'a presque fait craquer ce jour-là, et ce qui m'a amené à l'autocritique, c'est le visage de ma mère. Mon père, lui, était impassible. Limite pas concerné. Mais bon, il est toujours comme ça. Il ne réagit à rien – tu te mets en rage contre lui, et il reste indifférent, à peine s'il lève un sourcil –, c'est usant. J'ai renoncé depuis longtemps à échanger quoi que ce soit avec lui. Il rentre le soir du boulot à l'usine – il fabrique des pneus pour un des plus célèbres équipementiers automobiles –, il mange sans dire un mot (à tel point qu'on ne sait jamais s'il trouve ça bon ou pas), et puis il s'affale devant la télé, et là, il retrouve sa grande passion – la zappette. Il ne reste jamais plus de dix minutes sur une chaîne. On a essayé de parlementer, ma mère et moi, de nombreuses fois, rien n'y a fait. On a renoncé à passer des soirées ensemble. On vaque à nos occupations. Ma mère repasse, prépare des plats qu'elle congèle ensuite, fait les comptes, téléphone à ses copines, lit le journal local. Je m'enferme dans ma chambre. Ma sœur dort déjà. C'est à ce moment-là que je me rends compte que c'est un luxe d'avoir trois chambres. Dylan doit partager la sienne avec Jordan, son frère cadet, un petit nerveux qui cherche des noises à tout le monde.

1 **des pompes** *fpl fam* des chaussures – 1 **ciré** poliert – 2 **entortiller** einwickeln – 5 **porter l'estocade** *f* den Todesstoß versetzen – 10 **impassible** qui ne montre aucune émotion – 12 **un sourcil** Augenbraue – 13 **usant** fatigant – 13 **renoncer** verzichten – 14 **une usine** Fabrik – 15 **un pneu** Reifen – 17 **s'affaler** sich fallen lassen – 20 **parlementer** *ici :* discuter – 22 **repasser** bügeln – 23 **congeler** einfrieren – 23 **faire les comptes** *mpl* die Abrechnung machen – 27 **un frère cadet** un frère plus jeune – 27 **chercher des noises** *expr* chercher des problèmes

Ma mère, elle travaille dans un supermarché. À la caisse. Je ne vais pas la voir. Je ne traîne pas dans ce coin-là. J'ai honte, oui. Pas d'elle. Mais de comment les autres la traitent. Tous les autres, les clients, les petits chefs, la vie. Alors la voir, là, avec la même tête qu'à son travail, quand les clients la toisent ou qu'un chef de rayon soupire en parlant avec elle, ça m'a tué. Je l'aime bien, ma mère. Comme mon père n'est jamais tout à fait avec nous, je suis devenu la seule vraie présence mâle dans la maison – parfois, j'ai même l'impression d'être le père de ma petite sœur. Je sais, ce n'est pas sain. Mais il y a tellement de choses qui ne sont pas saines dans la vie. Par exemple, se faire convoquer chez le proviseur, l'entendre énumérer les chefs d'accusation, et sentir chez lui le mépris grandissant envers mes parents, leur niveau de vie et la façon dont ils m'ont élevé.

– Le premier problème, c'est évidemment l'absentéisme.

Mon père fixait un point sur le mur du bureau de Thénard. Un tableau accroché, une reproduction d'une nature morte du XVIIe ou du XVIIIe siècle. Une nature morte. C'est exactement ce qu'il est, mon père. Une nature morte.

Ma mère a baissé la tête d'un cran encore – un coup de plus qu'on lui assenait. Je n'ai pas souvent parlé de l'école avec ma mère. De la sienne, je veux dire. Je devine que ça ne s'est pas très bien passé, sinon elle ne serait pas caissière. J'imagine les brimades, les réprimandes, l'impression, tous les jours, d'être une nullité. Je ne suis pas comme ça. J'aime croire que si je travaillais, je pourrais réussir. Simplement, j'ai la flemme. Je n'ai aucune idée de ce que je veux faire plus tard, ça n'aide pas non plus. Parfois, j'ai déjà la nostalgie des moments passés avec Dylan, à regarder des vidéos sans intérêt sur son téléphone portable. Un jour, il va bien falloir qu'on soit utiles, efficaces – tous ces adjectifs que je déteste.

2 **avoir honte** sich schämen – 3 **traiter qn** jdn behandeln – 5 **toiser qn** regarder qn de haut – 6 **un rayon** *ici :* Abteilung – 6 **soupirer** seufzen – 6 **ça m'a tué** *fam* je n'ai pas pu supporter ça – 10 **sain** gesund – 12 **un chef d'accusation** *f vx* Hauptanklagepunkt – 13 **le mépris** Verachten – 14 **élever** *ici :* éduquer – 17 **une nature morte** Stillleben – 21 **assener** verabreichen – 24 **une brimade** Schikane – 24 **une réprimande** Verweis – 26 **avoir la flemme** [flɛm] *fam* faul sein

– Trente-quatre demi-journées au dernier trimestre, aucun certificat médical, des justifications abusives, je ne suis pas sûr que vous vous rendiez compte des lacunes qui peuvent s'accumuler en trente-quatre demi-journées. D'autant que, la plupart du temps, ce sont des demi-journées où il y avait des contrôles, ce qui signifie qu'on ne peut pas évaluer les performances de Quentin…

Les autres griefs, il y en avait toute une série. Insolence envers le prof d'anglais (qui est quand même un sacré connard – j'avais envie de rajouter), envers les surveillants (qui se prennent pour des matons – j'avais envie de préciser), et même envers la CPE (bon, là, mauvais point pour moi, j'avais pété les plombs alors qu'elle restait calme et énumérait mes écarts de conduite). Bagarre dans la cour (avec Dylan, ça ne comptait pas, c'était un jeu, mais personne n'avait voulu nous croire), résumés de français ou d'anglais recopiés sur Internet (s'ils ne veulent pas qu'on se serve de la Toile, ils n'ont qu'à pas nous donner de devoirs à la maison), utilisation de téléphone portable pendant les cours (seulement des SMS, je le jure). Bref, joli tableau.

– Et donc…

Le mouvement d'épaules de Thénard, je m'en souviendrai toute ma vie. D'un seul coup, il avait gagné quelques centimètres, il était presque impressionnant, Le boss dans toute sa splendeur, avec la voix qui montait en force – ma mère a relevé la tête, comme pour recevoir le dernier coup avec dignité ; le regard de mon père s'est brièvement porté sur le proviseur, pour revenir bien vite à la nature morte.

– … Quentin ne nous laisse pas beaucoup de choix. Il vient d'avoir seize ans. Nous pourrions le sortir du système scolaire,

2 **abusif** *ici :* exagéré, faux – 3 **une lacune** Lücke – 4 **s'accumuler** s'ajouter – 4 **d'autant que** zumal – 7 **une performance** Leistung – 8 **un grief** *ici :* un reproche – 9 **un connard** *fam* Blödmann – 11 **un maton** *fam* un gardien de prison – 12 **un,e CPE** *abrév de* conseiller,-ère principal,e d'éducation – 13 **péter les plombs** *mpl fam* ausrasten – 14 **un écart de conduite** un mauvais comportement – 14 **une bagarre** Schlägerei – 17 **la Toile** Netz – 19 **jurer** schwören – 25 **la splendeur** Pracht – 27 **la dignité** Würde

mais nous pensons que ce n'est pas une bonne solution. Nous lui avons trouvé une place au lycée Clemenceau, pour l'année prochaine. Il changera ainsi d'environnement, de fréquentations. C'est une deuxième chance, c'est extrêmement rare.

– Mais je…

– Tais-toi, Quentin !

La voix de ma mère, cinglante. Ses mâchoires serrées. Je ne l'avais jamais vue comme ça. Tendue. Je n'ai rien répliqué. L'autre en a profité :

– Je suis content de voir que nous sommes sur la même longueur d'ondes, madame Silber. Croyez bien que j'ai pesé le pour et le contre. Disons que c'est un pari. Il évoluera dans un cadre qui n'est pas le sien, au milieu d'élèves qu'il ne connaît pas. Soit il parvient à s'intégrer, soit il déraille. À vous de voir. De toute façon, c'est la seule alternative.

Ma mère, tête baissée à nouveau. Remerciant dans un murmure. Le père, aux abonnés absents.

Nous avons redescendu l'escalier. Dehors, c'était le mois de juin, le soleil éclatait partout – j'ai eu la tête qui tournait, je me serais bien arrêté un peu, mais mes parents continuaient de marcher jusqu'au parking. Ma mère avait pris une heure sur sa journée, mon père était en congé pour quelques jours. Au moment où j'ai voulu entrer dans la voiture, ma mère a fait signe que non.

– Tu rentres en bus. Tu as besoin de réfléchir et ton père de se reposer. Tu restes au lycée, tu vas en cours ou pas, mais en tout cas tu es rentré à 18 heures. On en reparlera.

Et ils sont partis.

Je me suis senti abandonné, comme un chien au bord de la route. Je les ai regardés s'éloigner pendant qu'un trou immense venait perforer ma poitrine. Le parking, les bâtiments du

4 **une fréquentation** Umgang – 8 **cinglant** bissig – 8 **la mâchoire** Kiefer – 11 **être sur la même longueur d'ondes** *expr* être d'accord – 13 **un pari** Wette – 13 **évoluer** *ici :* sich bewegen – 14 **un cadre** *ici :* un milieu – 15 **dérailler** entgleisen, *ici :* sortir du système – 18 **qn est aux abonnés absents** *mpl expr fam* jd ist auf Tauchstation – 23 **être en congé** ne pas travailler – 31 **un trou** Loch – 32 **poitrine** Brust

lycée, les pelouses, le parc derrière, tout cela, il fallait que je l'abandonne – pour recommencer ailleurs.

– Mais je ne sais pas pourquoi ça te fait cet effet-là, hein ! Après tout, les deux tiers de la classe quittent ce bahut l'an prochain. Regarde, moi, je vais à Albert-Camus puisqu'ils ne font pas d'option commerciale ici. Et on est au moins quinze dans mon cas. C'était une bonne année, point. On en aura d'autres.

Le truc, avec Dylan, c'est qu'il reste toujours positif – au point où parfois tu as envie soit d'éclater de rire, soit de lui écraser la gueule avec un rocher, comme dans les dessins animés. Par exemple, l'an dernier, quand on s'est fait piquer par les flics avec du shit dans les poches et qu'on s'est retrouvés au poste, pour lui, le bon côté c'était que, quand les parents découvriraient qu'on avait été arrêtés pour usage de stupéfiant et pas pour braquage ou meurtre, ils seraient soulagés. Ce n'était pas faux.

Ma mère, ce soir-là, n'avait même pas tenté de discuter – nous avions déjà fait le tour du sujet. Au commissariat, elle m'avait fixé longtemps avec son regard délavé, avait signé les papiers et m'avait poussé devant elle. Nous n'avions pas échangé un mot.

Changer.

C'est ce qu'ils veulent tous.

Je suis mauvais, mauvais, mauvais, il faut que je devienne bon, bon, bon, ou au moins médiocre, médiocre, médiocre. Que j'arrête de poser des problèmes aux adultes. Que je cesse d'être dans leur ligne de vision, de mire, de tir. Que je bouge de là.

1 **la pelouse** Rasen – 11 **écraser** zerdrücken – 11 **la gueule** *fam* le visage – 12 **se faire piquer** *fam* se faire prendre – 13 **un flic** *fam* un policier – 13 **le shit** le cannabis – 15 **un usage** une utilisation – 15 **un stupéfiant** une drogue – 16 **un braquage** bewaffneter Überfall – 16 **un meurtre** Mord – 16 **soulagé** erleichtert – 18 **tenter** essayer – 20 **délavé** wässrig – 26 **médiocre** *ici :* schwach – 27 **cesser** arrêter – 28 **une ligne de mire** Visierlinie – 28 **une ligne de tir** Feuerlinie

C'est ce que je voudrais, oui. À l'intérieur, je bous. J'aimerais être loin. Loin, genre à l'autre bout du monde. Me réinventer une existence avec un début moins pourri, aux États-Unis ou au Japon. Je suis même partant pour une survie à Manille ou à Bogotá – c'est dire à quel piètre espoir j'en suis réduit.

Clemenceau, ce n'est pas l'autre bout du monde. C'est l'autre bout de la ville. Mais finalement c'est tout comme. Je ne comprends rien aux codes, aux références. Je crois que je serais moins perdu à Los Angeles. Et que j'aurais moins l'air d'un touriste à New York.

Sonnerie.

Je jette un coup d'œil à mon agenda. C'est l'heure d'aller en français. Chez la mère Fernandez.

1 **bouillir** kochen – 3 **pourri** *fam* nul – 4 **être partant pour qc** être motivé pour qc – 4 **une survie** *ici :* Überlebenstraining – 5 **piètre** *ici :* schwach – 5 **en être réduit à qc** zu etw gezwungen sein

SCÈNE II

10 OCTOBRE

LA FERNANDEZ.

Avec un article, s'il vous plaît. Il y a peu de profs qui peuvent se targuer d'avoir un article devant leur nom. L'article, ça signifie que ce sont des personnalités à part, des forts en gueule, des admirables ou des salauds – c'est selon.

Pour la Fernandez, honnêtement, il y a un peu de tout ça – et c'est sans doute ce qui fait son charme.

Même à Saint-Ex, j'en avais entendu parler, de la Fernandez. C'était *la prof un peu timbrée qui s'occupe des options arts du spectacle et théâtre à Clemenceau* – qui est d'ailleurs le seul lycée à proposer ces options. Je m'imaginais la Fernandez comme une sorte de folle échevelée et vaguement hippie, qui roulait des yeux et faisait des moulinets avec les bras sur une scène de théâtre. J'étais très loin du compte. À tel point que, au début du premier cours, j'ai cru que je m'étais trompé de salle ou que la Fernandez avait une remplaçante. Mais non. Mes compagnons d'infortune étaient là, bouche bée, buvant toutes les paroles de la pythie. Transfigurés. J'avais l'impression d'être Ulysse, le seul vaillant sur le bateau, pendant que tous ses amis marins étaient hypnotisés par le chant des sirènes.

Faut voir le tableau, quand même.

La Fernandez doit avoir une quarantaine d'années – mais c'est difficile de lui donner un âge précis. Avec ses sourcils dessinés au crayon, ses longs cils noirs soulignés par le rimmel, son rouge à lèvres carmin, son léger fond de teint et ses robes noires qui lui arrivent sous le genou, elle ressemble à

5 **se targuer de faire qc** sich damit rühmen, etw zu tun – 6 **être fort en gueule** *fam* dire haut et fort ce qu'on pense – 7 **un salaud** *fam* Dreckskerl – 11 **timbré** *fam* fou – 14 **échevelé** zerzaust – 15 **faire des moulinets** *mpl* durch die Luft wirbeln – 19 **un compagnon d'infortune** *f* Leidensgenosse – 19 **bouche bée** très surpris – 20 **la pythie** dans la religion grecque antique, femme qui communiquait les oracles d'Apollon – 20 **transfiguré** völlig verwandelt – 21 **vaillant** courageux – 26 **un cil** Wimper – 27 **le rimmel®** Wimperntusche – 27 **le fond de teint** Grundierung

un vampire femelle dont le poison serait les mots. Son visage, surtout, est étonnant. Elle a les yeux les plus mobiles que je connaisse. Ils sont partout à la fois. Ils repèrent le pauvre mortel qui tente d'envoyer un SMS, la victime qui n'a pas terminé son exercice, l'inconscient qui ose dessiner dans les marges de son cahier. Et là, en quelques phrases, elle fond sur l'offenseur et le fait disparaître de la surface de la planète. Son regard me fait penser aux phares, sur les bords de mer : c'est un faisceau qui tourne et éclaire la plage, les vagues, les navires, l'horizon.

C'est vraiment un cas intéressant.

Je la regarde bouger comme un animal sauvage, j'apprécie sa gestuelle, ses inflexions de voix – mais quand même, je ne suis pas dupe de sa mise en scène. Tandis que les autres notent fébrilement tout ce qu'elle dit, je reste un peu en retrait, amusé mais pas fasciné. Au moins, c'est un cours pendant lequel je ne m'ennuie pas – et où ma différence avec les autres ne me dessert pas trop.

La Fernandez, elle propose un cours tiré au cordeau, avec analyse des figures de style, exercice d'application, commentaire, tout cela chronométré, conçu pour cinquante-cinq minutes pile. Parfois, la sonnerie retentit alors qu'elle vient de terminer sa dernière phrase de conclusion, et j'ai déjà remarqué le petit sourire qu'elle esquisse, alors. Elle a gagné sa course contre le temps.

La Fernandez, je ne compte pour elle ni plus ni moins qu'un autre. Enfin, plutôt moins, par rapport à tous ceux qui ont signé pour l'option théâtre. Parce que l'option théâtre, c'est sa création, sa chose, sa raison de vivre, à la Fernandez. Ce qui fait sa réputation dans toute la ville, ce sont les notes qu'obtiennent ses élèves au bac dans cette matière et les spectacles qu'elle

3 **un mortel** Sterblicher – 5 **un inconscient** un fou – 6 **fondre sur qn** über jdn herfallen – 6 **un offenseur** Beleidiger – 8 **un phare** Leuchtturm – 8 **un faisceau** Lichtstrahl – 12 **une inflexion** *ici :* un léger changement – 13 **être dupe de qc** sich von etw täuschen lassen – 14 **fébrilement** *fig* → la fièvre – 14 **en retrait** *m* à distance – 17 **desservir** *ici :* schaden – 18 **tiré au cordeau** *expr* parfait – 21 **pile** exactement – 23 **esquisser** *ici :* andeuten

organise à la fin de l'année. Spectacles gratuits, sponsorisés par la mairie, montés au théâtre municipal, et pour lesquels il faut réserver des places des mois à l'avance.

Inutile de dire que je n'en ai jamais vu aucun.

Le théâtre, ce n'est pas mon truc. « Mon kiff », dirait Dylan. « Ma tasse de thé », corrigerait la Fernandez. Parfois, je suis perdu entre les niveaux de langue. Ceux qui sont là pour l'option, tu les remarques tout de suite. D'abord parce qu'ils « cultivent leur différence », comme on dit. Il y en a un qui se promène toujours avec le chapeau feutre de son grand-père, l'autre qui est toujours en chemise blanche à moitié ouverte – des vraies caricatures. Les garçons parlent fort, les filles rient aux éclats en renversant la tête, et ils se lancent des phrases définitives d'un bout à l'autre du couloir, comme s'ils étaient sur scène. Bon, j'exagère sans doute un peu. Il y a deux ou trois mecs plus taciturnes, dont le fameux Heathcliff qui se la joue beau ténébreux, et deux ou trois filles qui semblent presque timides, à tel point qu'on se demande ce qu'elles sont venues faire dans cette galère.

Cela dit, je n'ai rien contre eux. Ils mettent un peu d'ambiance dans cette première L momifiée où pas une mouche ne vole pendant les cours et où la concentration semble toujours de mise.

Je tente de les imiter, mais ça ne marche pas vraiment. J'ai l'esprit qui s'évade vers Saint-Ex, Dylan, vers mon autre vie. Ce que je craignais le plus est en train d'arriver – les anciens de Saint-Ex et moi, nous nous donnons des nouvelles *via* Facebook, nous échangeons un ou deux SMS, et puis c'est tout. Nous sommes en train de sortir de nos vies respectives. J'espérais mieux, franchement. Je sens bien que d'autres groupes se forment, dans les différents lycées où nous avons

9 **cultiver** *ici :* pflegen – 10 **un chapeau feutre** Filzhut – 12 **rire aux éclats** *mpl* schallend lachen – 16 **taciturne** qui parle peu – 17 **un beau ténébreux** *expr* geheimnisvoller Schönling – 18 **qu'allait-il/elle faire dans cette galère ?** *expr* was hatte er/sie da zu suchen? – 20 **cela dit** abgesehen davon – 21 **où pas une mouche ne vole** *expr* mücksmäuschenstill – 23 **être de mise** angebracht sein

échoué, et que moi, je reste en rade. Même Dylan, je le vois moins. Il s'est trouvé d'autres glandeurs de sa trempe. Je les connais. Tout le monde les connaît dans le quartier. Ils font du trafic. Revente. Achat. Commissions. Je me suis toujours tenu à l'écart – mes parents n'ont pas besoin de ça, et puis il y a Anna et je n'ai pas envie qu'elle soit étiquetée comme « la petite sœur du cassos ». Du délinquant. Du détenu.

Hier soir, je suis rentré chez moi plus vite que prévu – et dépité. J'étais sorti rejoindre Dylan sur les monticules près des jeux d'enfants, mais il était déjà assis en compagnie de Samir et de Ludo, et je n'avais pas envie de faire la conversation avec ces deux-là. Comme je n'avais pas non plus envie de sauter d'une chaîne à une autre avec le roi de la zappette, que ma mère enchaînait les colonnes de recettes et de dépenses, et que ma sœur était déjà couchée, je me suis retrouvé dans ma chambre – et je me suis plongé dans le livre que nous a donné à lire Fernandez. Sartre. *Huis clos*. Je me suis envoyé la pièce dans la nuit. Bon, ça ne m'a pas passionné.

Voilà. À peine le cours commencé, je me mets à divaguer. Je n'y peux rien. Elle n'y peut rien non plus, la Fernandez. Je suis sûr qu'elle fait de son mieux pour passionner son auditoire, maquillage, costume, tout est calculé mais c'est sans espoir avec moi, j'écoute d'une oreille et, de l'autre, je suis déjà en train de dessiner des briques qui s'empilent les unes sur les autres. Pour le moment, elle détaille notre programme de lecture pour novembre, et le plan des cours que nous allons aborder. Elle est comme ça, la Fernandez. Elle aime bien que tout soit annoncé à l'avance. Je l'entends s'approcher, par-

1 **échouer quelque part** se retrouver quelque part – 1 **rester en rade** *fam* être abandonné par les autres – 2 **un glandeur** → glander p. 9 – 2 **de sa trempe** comme lui – 4 **le trafic** *ici :* le commerce illégal – 4 **se tenir à l'écart** *m* rester en dehors – 7 **un cassos** [kassɔs] *fam abrév de* un cas social (*ici :* Asozialer, Außenseiter) – 7 **un délinquant** un criminel – 7 **un détenu** qn qui est en prison – 9 **dépité** très déçu – 14 **les recettes** *fpl ici :* Einnahmen – 14 **les dépenses** *fpl* Ausgaben – 19 **divaguer** *fam ici :* penser à autre chose – 21 **un auditoire** les personnes qui écoutent – 24 **une brique** Ziegel

derrière. Elle m'a remarqué, avec ses yeux de fouine. Elle continue de parler. Je pourrais me mettre à prendre des notes comme un taré, mais elle ne serait pas dupe. Elle se pose juste derrière la table que j'occupe en solitaire. Je ferme brièvement les yeux. Ce qu'il faut que j'évite, c'est une nouvelle convocation chez le proviseur – celui de Clemenceau, cette fois. Il m'attend au tournant. La Fernandez fait une pause et, d'une voix que je trouve pour le coup un peu trop théâtrale, elle lance :

– Eh bien, Silber, ça vous intéresse, ce que je raconte, apparemment ! Vous feriez mieux d'être attentif au lieu de remplir vos pages de dessins de murs de prison. Est-ce vous pouvez répéter ce que je viens de dire ?

– Oui.

– Pardon ?

– Oui, je peux.

– Parfait. Allons-y. Je vous écoute.

Je ne sais pas ce qui me prend. La rage d'être là, au milieu de ces bouffons qui ne me calculent pas et qui ont des prénoms à coucher dehors. Le souvenir de Dylan avec les deux autres crétins hier soir. Mon père et sa zappette. Ma mère et sa ride sur le front. Ma tension. Tout ressort d'un seul coup. J'imite le petit mouvement de mains de la Fernandez, je serre les lèvres, je lève le sourcil gauche comme elle, je me racle la gorge et j'entonne le refrain d'une voix très monocorde – c'est la seule différence avec sa propre tirade, l'échappatoire qui me permettra de prétendre par la suite que je ne l'ai pas caricaturée.

– Il vous faudra lire *Madame Bovary* de Flaubert pour la rentrée des vacances de Toussaint, puisque nous l'étudierons dans la foulée. Bien sûr, nous allons également reprendre la méthodologie du commentaire et du texte d'invention puisque

1 **une fouine** Steinmarder, *ici :* Schnüfflerin – 3 **un taré** *fam* un fou – 18 **un bouffon** *ici : fam* un clown, une personne ridicule – 18 **calculer** *ici : fam* wahrnehmen – 18 **un prénom à coucher dehors** un prénom bizarre, très original – 20 **un crétin** *fam* un idiot – 20 **une ride** Falte – 23 **se racler la gorge** sich räuspern – 25 **une tirade** un monologue théatral – 25 **un échappatoire** Ausflucht – 30 **dans la foulée** gleich im Anschluss

je ne suis pas certaine que ces points aient été correctement abordés l'année dernière. Il serait très utile aussi que vous appreniez à convaincre un examinateur à l'oral, grâce au langage corporel, le sourire, le regard, les mains ; mais il est clair que le meilleur entraînement pour cela, c'est de s'inscrire à l'atelier théâtre que j'organise et anime le mercredi après-midi de 13 h 30 à 16 h 30. Cet atelier est évidemment un cours obligatoire pour les options théâtre mais les autres peuvent également le suivre, cela ne peut que leur être bénéfique.

Sciés.

Tous.

Elle.

Et même moi.

C'est mot pour mot les phrases qu'elle vient de prononcer. Il y a un flottement, un moment de silence total dans la classe, toutes les têtes tournées vers moi avec les yeux écarquillés et, parfois, de la peur dans le regard. Peur de la réaction de la Fernandez, bien sûr, personne ne lui a tenu tête comme ça, personne n'a ne serait-ce qu'effleuré l'idée d'utiliser l'ironie contre elle – l'ironie, c'est elle qui la manie, et avec quelle adresse !

Elle me fixe.

Je ne baisse pas les yeux. Au contraire. Je plonge dans les siens. J'y décèle de la rage, de la fureur, mais aussi une sorte de respect, de la curiosité à tout le moins. Pour la première fois, j'existe. J'en rougis. Elle croit que c'est mon insolence qui provoque cette réaction à retardement. Ses mâchoires se détendent. Je sais, à ce moment-là, qu'elle ne va pas m'expédier à l'administration, ni même m'exclure de cours. Je sais aussi que je n'en ai pas fini avec elle.

Elle laisse échapper une brève expiration – puis un sourire en coin, en répliquant « Exactement », d'une voix un tout petit peu trop forte. Elle reprend son discours interrompu,

9 **bénéfique** avantageux – 10 **scié** *ici : fam* platt – 15 **un flottement** *ici :* Zögern – 16 **les yeux écarquillés** les yeux grands ouverts – 18 **tenir tête à qn** jdm die Stirn bieten – 20 **manier** utiliser – 21 **l'adresse** *ici :* Feingefühl – 24 **déceler** découvrir – 31 **une expiration** Ausatmen – 31 **un sourire en coin** un sourire discret et amusé

comme si rien ne s'était passé. J'admire sa maîtrise. J'ai trouvé un adversaire à ma taille. Elle ne se laissera pas déstabiliser facilement, la Fernandez.

Le cours continue de défiler, et là, il ne vaut mieux pas qu'elle me demande à nouveau où nous en sommes, parce que je n'écoute vraiment rien. Mais elle ne pose aucune question. De temps à autre, elle me jette un coup d'œil. Elle voit bien que je ne suis pas attentif, mais elle laisse couler. En moi, il y a des torrents d'émotions contradictoires. Je n'en reviens pas de m'être fait remarquer. Je m'en veux, bien sûr, parce que je l'ai échappé belle ; mais en même temps naît une sorte de fierté qu'il faut que j'apprivoise. Fier, oui. Je suis fier de moi. C'est un sentiment dangereux, la fierté. De là à se croire le maître du monde, il n'y a qu'un pas. J'ai peur aussi. De moi. Parce que je ne sais pas d'où me sont venues ces phrases. Dans quel recoin je les avais planquées. J'ai déjà remarqué que, parfois, des pans entiers de cours me restaient en tête sans que je les aie appris. C'est ce qui m'a permis de rester à flot, les années précédentes. De combler le travail que je ne fournissais pas. Jusqu'à présent, je ne me suis pas posé de questions sur ma mémoire – je pensais que j'imprimais assez bien, voilà tout. Et que j'étais malin. Là, c'est différent. Je sens très nettement un nerf qui vibre dans ma poitrine. Et cette voix qui me dit que oui, peut-être, au fond, je suis bon à quelque chose.

À retenir les discours sans intérêt d'une prof de français, par exemple.

La sonnerie retentit alors que je suis encore en plein questionnement. La classe se vide petit à petit. Je mets du temps à ranger mes affaires. Je sens l'œil de la Fernandez sur

1 **la maîtrise** *ici :* Beherrschung – 9 **des torrents** *mpl ici :* Strom – 9 **contradictoire** widersprüchlich – 9 **ne pas en revenir** être très surpris – 10 **s'en vouloir** être furieux envers soi-même – 11 **qn l'a échappé belle** *expr* jd ist knapp davongekommen – 12 **apprivoiser** *ici :* contrôler – 16 **planquer** *fam* cacher – 17 **un pan** *ici :* une partie – 18 **rester à flot** *m fig* garder un niveau minimum – 19 **combler** *ici :* ausgleichen – 21 **imprimer** *ici : fam* se souvenir – 22 **malin** schlau

moi. Détaillant mes gestes. J'en deviens maladroit. Je relève la tête – elle est là, devant moi. Je ne m'étais jamais rendu compte à quel point elle était grande, pour une femme. Elle a une tête de plus que moi. Je voudrais la contourner sans rien dire, mais je n'y parviens pas. Je bredouille que je… enfin, je suis désolé pour tout à l'heure, je… Je suis en train de me liquéfier. Elle m'interrompt.

– Ah non, Silber, pas ça.

– Pardon ?

– Pas d'excuses, pas de paroles de mollusque, restez digne. Droit. Si vous vous aplatissez, vous allez me décevoir.

Je reste interdit. Jamais personne ne m'a parlé de cette façon-là. Je sens le rouge qui me monte à nouveau aux joues.

– Je me demandais quand vous alliez sortir de vos gonds, figurez-vous.

– Pour mieux me renvoyer du lycée ?

– Du tout, Silber. J'ai entendu parler de vous, vous savez.

– En mal, j'imagine. J'ai de gros dossiers.

– Ah… je déteste ces expressions, là, « dossier », « kiffer », « seum », toutes ces facilités de langage, ne vous laissez pas aller à ça, dites « j'ai très mauvaise réputation », cela a quand même plus de classe.

– Bon. J'ai très mauvaise réputation.

– Mon collègue de l'an dernier vous aimait plutôt bien, malgré tout.

– M. Collet ?

– Lui-même.

– Première nouvelle.

– N'est-ce pas ? Il se doutait bien que vous en seriez le premier surpris. Disons qu'il vous trouvait insupportable et souvent peu intéressant mais il admettait que, par moments, vous aviez des réflexions remarquablement pertinentes. Alors

1 **maladroit** ungeschickt – 5 **bredouiller** parler de façon peu distincte – 6 **se liquéfier** *fig* devenir liquide – 10 **un mollusque** Weichtier – 10 **digne** würdevoll – 12 **interdit** *ici :* très surpris – 14 **sortir de ses gonds** *expr* außer sich geraten – 19 **kiffer** *fam* aimer – 20 **avoir le seum** *fam* être énervé – 32 **pertinent** treffend

tâchez de faire bon usage de votre pertinence, jeune homme. Par exemple en me rendant en temps et en heure le sujet d'argumentation que vous devez faire pour demain – et en y travaillant réellement cette nuit, parce que j'imagine que pour l'instant, vous ne l'avez même pas commencé. Faites attention, Silber, en vous moquant de moi, tout à l'heure, vous m'avez laissé l'avantage. Je peux maintenant aisément vous faire chanter. Si vous ne vous échinez pas sur votre devoir, j'irai expliquer au proviseur ce qui s'est passé. Croyez bien que j'en suis tout à fait capable et que je n'en éprouverais aucun remords. Compris ?

Je murmure un « Oui » que je voudrais plus vaillant, mais je ne parviens toujours pas à bouger. Je suis tétanisé. Quelques secondes passent, et la Fernandez émet un rire léger. Elle lance :

– C'est bon, Silber, rompez maintenant !

Et elle quitte la pièce. Je mets encore quelques secondes à retrouver l'usage de mes membres. Quelques instants supplémentaires pour me rendre compte que ma paralysie était due à son regard. La profondeur de son regard quand elle me parlait. Son intensité. Si c'est un des secrets du théâtre, ça, alors j'aimerais bien qu'elle me l'enseigne.

7 **aisément** facilement – 8 **faire chanter qn** jdn erpressen – 8 **s'échiner sur qc** faire des efforts pour faire qc – 11 **un remords** un regret – 13 **tétanisé** immobilisé par la peur ou par un choc – 16 **rompre** *ici :* partir – 18 **les membres** *mpl* Gliedmaße

SCÈNE III

10 OCTOBRE SOIR

EN RENTRANT, la première chose que je fais, c'est d'aller jeter un coup d'œil au sujet de français pour demain. Non seulement je n'y ai pas réfléchi mais, pour être tout à fait honnête, j'ai carrément zappé qu'il fallait rendre un devoir. « Écrivez une lettre au héros/à l'héroïne de fiction que vous admirez et/ou haïssez particulièrement. »

Typique.

Les profs de français, ils s'imaginent qu'on passe notre temps à lire des romans et qu'on n'aura que l'embarras du choix. Alors qu'ils n'ont qu'à regarder autour d'eux, leur mère, leur père, leur frère, leurs amis, ils font tout sauf lire – ils enchaînent les jeux vidéo, les séries télé, les concerts. De temps à autre un magazine people, une grille de mots fléchés, un sudoku et puis c'est tout.

Le héros ou l'héroïne que j'admire ou que je hais particulièrement.

Aucune idée. Vu ce qui s'est passé dans la journée, je devrais prendre Gavroche, mais *Les Misérables*, je l'ai lu il y a trois ans, en version abrégée. Et pas en entier.

Loin de là. Pour le contrôle de lecture, j'avais tiré le résumé sur Internet. Comme d'habitude, j'avais dû m'en sortir avec la moyenne.

Ma mémoire.

Il me faudrait tester ma mémoire, réellement. Essayer d'apprendre un cours. Voir si en me concentrant sur les débuts de phrases, j'arrive en une ou deux lectures à retenir les paragraphes entiers.

6 **zapper** *ici : fam* oublier – 8 **°haïr** détester – 11 **l'embarras** *m* **du choix** die Qual der Wahl – 21 **abrégé** plus court

Je n'ai pas le temps de tenter l'expérience, ma sœur se tient là, dans l'encadrement de la porte. Elle me regarde. Elle voudrait que je lui lise une histoire.

Je m'entends bien avec ma sœur. Je sais que c'est surprenant. Chez tous mes copains du quartier, les relations entre frères et sœurs posent problème. Les petits sont là pour espionner, rapporter ou coller les grands. Chez Dylan, c'est même devenu violent au fil du temps. Je me dis qu'un jour, ils vont s'entretuer, son frangin et lui.

Avec Anna, c'est différent. Quand elle était très petite, oui, je la considérais comme un boulet qui venait me piquer ma place dans la famille. Elle a huit ans de moins que moi. J'étais mort de jalousie. Et puis un jour, tout a changé. L'école maternelle a appelé ma mère à son travail. Ils étaient très inquiets pour Anna, qui avait beaucoup de fièvre et qui se plaignait de douleurs dans le cou. Ils avaient appelé les pompiers. J'étais en sixième. Je me souviens du surveillant venant me chercher dans ma salle de cours. De son visage fermé. De mon père qui attendait dans le couloir, les yeux rivés au sol. De la route qu'il fixait en me conduisant à l'hôpital. Des sons qui s'échappaient de sa gorge. C'étaient comme des feulements – je n'en avais entendu qu'au zoo. Personne n'avait le droit d'entrer dans la chambre d'Anna, les premiers jours. Nous attendions, de l'autre côté de la vitre. Nous lui faisions des signes. Elle ne nous voyait pas. Elle avait deux tuyaux dans le bras gauche. Ma mère pleurait sans cesse. Elle répétait qu'elle ne s'en sortirait pas. Le médecin et les infirmières avaient beau lui dire que la méningite avait été détectée très tôt et qu'elle allait sans doute guérir sans séquelles, ma mère ne les croyait pas. Elle était à moitié morte. Bourrée de calmants.

2 **un encadrement** *ici :* Rahmen – 7 **rapporter** *ici : fam* petzen – 9 **un frangin** *fam* un frère – 11 **un boulet** Last – 16 **le cou** Hals – 16 **les pompiers** *mpl* Feuerwehr – 21 **un feulement** Fauchen – 25 **un tuyau** Schlauch – 28 **une méningite** Hirnhautentzündung – 28 **détecter** *ici :* diagnostiquer – 29 **une sequelle** Folgeerscheinung – 30 **bourré de** plein de

C'est peut-être la seule fois de ma vie où j'ai eu vraiment peur. Je me voyais avec une sœur décédée, une mère devenue folle et un père mutique – on allait me placer dans une nouvelle famille, je serais coupé de tout ce que j'avais connu jusque-là. J'ai prié. C'était ridicule parce que, à cet âge-là déjà, je ne croyais pas en Dieu ni en aucune religion, mais je ne savais pas quoi faire d'autre. J'ai promis que si Anna s'en tirait, alors je cesserais de l'énerver tout le temps et de me moquer d'elle. En fait, je me sentais coupable. J'étais persuadé que c'était parce que secrètement, j'avais plusieurs fois souhaité sa mort qu'elle était tombée malade.

Anna est revenue à la maison au bout de quinze jours, très affaiblie. Régulièrement, ensuite, elle a dû retourner à l'hôpital, pour des visites de contrôle. J'ai tenu ma parole. Je suis un frère exemplaire. Et le plus beau, c'est qu'elle n'en profite pas. Je lui lis des histoires, souvent. On ne peut pas compter sur mes parents pour ça.

Quand nous serons adultes, plus tard, nous nous souviendrons de ces moments-là. Des liens que nous avons créés, elle, sa tête sur mon épaule et moi, en train de tourner les pages.

Elle choisit *Le Lièvre et la Tortue*. Une adaptation en prose de la fable. Avec des dessins. Le lièvre en tenue de course. La tortue, tranquille, avec un petit gilet jaune. Le lièvre s'arrête au pied d'un arbre et s'endort. La tortue continue son chemin, déterminée. Elle franchit le pont de bois juste avant son adversaire. Les autres animaux l'acclament.

Anna suce son doudou – un bout de chiffon infâme qui, en d'autres temps, a été un lutin. Elle a posé sa main sur la mienne. Quand j'ai fini l'histoire, nous restons un moment

2 **décédé** mort – 3 **mutique** qui ne parle pas – 22 **un lièvre** Hase – 22 **une tortue** Schildkröte – 23 **une tenue** des vêtements – 24 **un gilet** Weste – 26 **déterminé** décidé – 26 **franchir** passer – 27 **acclamer qn** jdm zujubeln – 28 **sucer** lutschen – 28 **un doudou** *enfantin* Kuscheltuch – 28 **un chiffon** Lappen – 28 **infâme** horrible – 29 **un lutin** Kobold (*ici :* en peluche)

silencieux. En bas, on entend la télé – des coups de feu, pour changer. Anna sourit et dit :

– Toi, tu es le lièvre.

– Hein ? Qu'est-ce que tu racontes ?

– T'es tout le temps en train de courir partout, on sait jamais où tu es.

– N'importe quoi !

Elle ne s'offusque pas, Anna. Elle continue son chemin.

– Moi, je suis la tortue. Je l'aime bien, la tortue. Elle va doucement. Elle profite.

– Comment ça, elle profite ?

– Ben… Elle est pas tout le temps en train de courir, de sauter ou de faire l'imbécile.

– C'est vexant pour moi, ça, Anna !

– Non mais, tu sais, je l'aime bien, le lièvre, aussi. Le lièvre et la tortue, ils sont un peu frère et sœur.

– Les deux facettes d'un même personnage ?

– Je comprends pas ce que tu dis.

– Laisse tomber.

– Tu seras toujours mon lièvre.

– Et toi, ma tortue ?

– Exactement.

Elle est calme. Elle s'endort petit à petit. Parfois, j'ai envie de hurler à mes parents que ce n'est pas contre moi qu'elle doit s'assoupir. C'est contre eux. C'est à eux de lire les histoires, de parler avec elle. Mais c'est peine perdue. Ma mère, en allant se coucher, éteindra la lumière des WC qui sert de veilleuse. Elle embrassera Anna. Pas moi. C'est fini, ce temps-là.

Évidemment, je n'arrive pas à dormir. Trop d'excitation. Ma vie a changé en trois minutes. Cette après-midi, au sortir du cours de la Fernandez, ils étaient au moins sept ou huit à m'attendre – option théâtre ou pas. Ils voulaient savoir – et

1 **un coup de feu** Schuss – 8 **s'offusquer** beleidigt sein – 14 **vexant** beleidigend – 24 °**hurler** crier – 25 **s'assoupir** s'endormir – 26 **c'est peine perdue !** das ist verlorene Mühe! – 27 **une veilleuse** Nachtlicht

ça partait dans tous les sens. Ce qui m'avait pris de répondre comme ça, ce dont nous avions parlé à la fin du cours, comment je me sentais, comment elle se sentait, si je n'avais pas peur de l'exclusion, d'où je venais, comment ça se passait l'an dernier, comment je faisais pour mémoriser une telle tirade et pour la ressortir, comme ça, intacte.

J'ai savouré.

Tous les gosses de riches de Clemenceau aux basques du sans-culotte de Saint-Ex. Bon, j'exagère, je sais.

D'abord parce que je ne suis ni un révolutionnaire ni un sans-abri. Et aussi parce que j'ai découvert tout à l'heure qu'il n'y avait pas que des fils à papa à Clemenceau – même s'ils représentent quand même la grosse majorité – et que, oui, parfois, même les gosses de riches ont des problèmes. Je n'irai pas jusqu'à les plaindre, mais ça remet les choses en perspective.

Il est tard.

Très.

Je ne parviens pas à trouver le sommeil. J'ai entendu mes parents se coucher, elle d'abord, lui ensuite – maintenant il ronfle. Sans bruit, je me retrouve assis au bureau. C'est cette histoire de lettre à un personnage de fiction qui m'obsède.

J'allume l'ordinateur, le volume à zéro. Je ferme délicatement la porte de ma chambre. La pièce baigne dans la lumière pâle de l'écran. C'est un ordinateur portable vieux de dix ans qui a appartenu à un collègue de mon père. Il ne marchait plus. Mon père l'a récupéré et passé à notre voisin, Karim, dont c'est la spécialité, l'électronique. Il vit de ces réparations, ne sort jamais de chez lui – et il fait des miracles. Il en a accompli un de plus avec ce portable. Depuis deux ans, je n'ai jamais eu un seul problème avec – et pourtant je télécharge des jeux super lourds.

7 **savourer** *ici :* profiter – 8 **un gosse** *fam* un enfant – 8 **(coller) aux basques** *fpl* **de qn** jdm auf den Fersen folgen – 9 **un sans-culotte** *hist* pendant la Révolution française, un manifestant issu du peuple – 21 **ronfler** schnarchen – 22 **obséder qn** *ici :* jdm keine Ruhe lassen – 31 **télécharger** herunterladen

C'est comme ça, par ici. On se débrouille. On fait vivre une économie parallèle puisque l'économie principale nous laisse sur le bas-côté. Et encore. Je n'ai pas à me plaindre. Mes deux parents ont du boulot – c'est une situation plutôt rare dans le quartier. La seule chose avec laquelle on ne parviendra jamais à se débrouiller, ce sont les voyages. On ne pourra jamais partir à l'autre bout du monde. Ni même plus près. On ne parviendra pas à se désembourber, à détacher nos semelles de la ville dans laquelle on a grandi. Je sais, par exemple, qu'après le bac, mes perspectives seront minces. Mes parents n'auront pas assez d'argent pour m'envoyer suivre des études ailleurs. Mes choix seront limités. Je ressens ça, souvent. Très fort. J'essaie de plier mes désirs à la réalité. Parfois, ça coince. Mais c'est comme ça. Je ne pourrai pas être un lièvre. Il faut que j'accepte d'être une tortue.

Et d'un seul coup, là, à presque 2 heures du matin, une étincelle. Je clique sur Word. Je me retrouve devant un document vierge – mais dans mon esprit, il est déjà couvert de signes. Dans mes doigts, je sens le fourmillement des phrases. Elles se précipitent, elles se bousculent. Mes mains ne sont pas assez rapides. Le lièvre – elle a raison, Anna, je suis un lièvre. Un lièvre qui doit devenir une tortue. Un lièvre dont le corps ploie sous la carapace.

J'écris une lettre au lièvre. Voilà. Je sais, c'est débile, ridicule, pitoyable, pathétique. Mais ce sera mon devoir – et au moins, je ne l'aurai pas pompé sur Internet. Il y en a trois, quatre pages. Tout y passe. J'y parle même d'Anna. De sa comparaison. De ma tendance à ne plus rester à la maison. Des raisons qui me poussent à sortir. De ma peur de finir comme ce foutu lapin –

8 **se désembourber** *fig ici :* aus etw herauskommen – 8 **une semelle** Sohle – 10 **mince** dünn – 12 **plier** *ici :* adapter – 13 **coincer** klemmen – 17 **une étincelle** Funken – 18 **vierge** vide – 19 **le fourmillement** *ici :* Gewimmel – 20 **se précipiter** *ici :* arriver vite – 20 **se bousculer** sich drängeln – 23 **ployer** biegen – 23 **une carapace** Panzer – 24 **débile** *fam* stupide – 25 **pitoyable** jämmerlich – 26 **pomper** *fam* recopier – 29 **foutu** *fam* verdammt –

endormi sous un arbre pendant que la vie passe devant moi. Et puis ça dévie. Je parle de Clemenceau.

De cette impression d'être une tortue au milieu de lièvres – parce que ceux de ma classe, eh bien, justement, ils ne sont pas de ma classe. Sociale. Ils passent leurs vacances à la mer, ils vont au ski l'hiver, ils vont à des concerts, au cinéma, au théâtre – rien d'extraordinaire pour eux, mais extraordinaire pour moi. Ils gambadent. Moi, je prends mon bus pour rentrer dans mon quartier. Un quartier qui se dégrade avec les années. Un quartier où tout le monde dépérit, où les cages d'escalier se recouvrent de graffitis, où les drogues dures ont fait leur apparition, où les filles se font maltraiter, où elles se comportent maintenant comme les mecs, prêtes à se battre, à insulter, à pisser debout ; où les parents s'enfoncent, où les religions reprennent le pouvoir, les pieds plongés dans l'ignorance, où les discours se radicalisent, d'un côté, de l'autre – une poudrière prison, un endroit où le lièvre que je suis s'épuise.

Je me perds en route.

Les idées partent dans tous les sens. Il n'y a plus de liens entre les paragraphes. Mon cerveau implose. Lorsque j'éteins l'ordinateur, il est 4 h 10 à mon réveil – je m'écroule sur le lit, avec des questions plein la tête. Est-ce que je vais perdre la course ? Est-ce que je vais laisser passer ma chance ? Qu'est-ce que c'est, ma chance ? Est-ce que je vais trouver ce que j'ai réellement envie de faire ? Est-ce que je vais avoir le choix ? Est-ce que je vais finir dans un clapier ? Est-ce que je ne serai jamais qu'un gros lapin domestique, un lièvre des villes, coincé dans les tours, seulement capable de courir d'un terrain de jeux pour enfants à un supermarché ? Qui sera mon prédateur ?

Qui sera mon prédateur ?

2 **dévier** changer de direction – 8 **gambader** herumspringen – 9 **se dégrader** devenir de plus en plus mauvais – 10 **dépérir** dahinsiechen – 10 **une cage d'escalier** Treppenhaus – 14 **insulter qn** jdn beleidigen – 14 **debout** im Stehen – 14 **s'enfoncer** *ici :* aller de plus en plus mal – 17 **une poudrière** Pulverfass – 18 **s'épuiser** sich erschöpfen – 22 **s'écrouler** *ici :* sich fallen lassen – 27 **un clapier** Kaninchenstall – 30 **un prédateur** Raubtier

Dans deux heures, ma mère va allumer la lumière de ma chambre en marmonnant qu'il faut que je me secoue.

Je rêve de campagne.

D'un arbre.

Un arbre sous lequel me poser.

Et oublier.

2 **se secouer** *ici :* se lever – 5 **se poser** *ici :* s'asseoir tranquillement

SCÈNE IV

21 OCTOBRE

LES JOURS S'ENCHAÎNENT. La pluie s'est emparée du décor. Tout est mouillé, délavé. Les souvenirs des moments que j'ai passés avec mes amis de l'an dernier, par exemple. J'ai revu Lucas et Joris la semaine dernière. Nous sommes allés boire un verre dans le café du centre commercial – mais en fait, nous n'avions pas grand-chose à nous dire, une fois la liste des profs et des horaires égrenée. Il ne se passe rien de passionnant à Saint-Ex, d'après eux. J'ai été très déçu – Saint-Ex, c'est mon paradis perdu. En revanche, ils voulaient absolument savoir, pour Clemenceau. Comment c'était. Les cours. Les filles surtout. Est-ce que, sous leur apparence glaciale, c'était bien toutes des chaudasses, comme on n'arrêtait pas de le prétendre ? J'ai eu une brève vision de Louise, de Jeanne et d'Anastasia et j'ai presque éclaté de rire, tellement on était loin de la vérité. Mais évidemment, j'ai menti. Je n'allais pas briser les illusions de mes anciens camarades. Ils en avaient l'eau à la bouche. Ils m'ont fait promettre de les inviter la prochaine fois que je serais convié à une fête chez l'une d'entre elles.

Comme si ça allait être le cas.

Comme si elles allaient se précipiter dans mes bras en lançant : « Quentin, il faut ab-so-lu-ment que tu viennes à la soirée chez moi, samedi. »

Ils sont à des années-lumière, Lucas et Joris.

J'aurais pu en rire avec Dylan, de ce malentendu. Mais Dylan, je ne le vois carrément plus. En quelques semaines, il a basculé du côté obscur de la Force. Il ne répond pas à mes

3 **s'emparer d'un lieu** y prendre toute la place – 4 **mouillé** ≠ sec – 9 **égrener une liste** parler de chaque point l'un après l'autre – 11 **en revanche** par contre – 14 **une chaudasse** *péj* une fille facile, excitante (→ chaude) – 20 **convier** inviter – 26 **un malentendu** Missverständnis – 28 **basculer** *ici :* in etw abgleiten

SMS. Ma mère m'a dit qu'il avait passé une nuit au poste, la semaine dernière – et que ça risquait de se compliquer pour lui. Ils ont retrouvé du shit dans son sac. Trop pour sa consommation personnelle. Les yeux dans les yeux, elle m'a demandé où j'en étais moi, par rapport à la drogue, à Dylan, à ses fréquentations. Je lui ai raconté la vérité. Que Dylan et moi, c'était fini. Ça l'a fait sourire, elle a répondu que quand je parlais comme ça, on pourrait croire que nous étions en couple, Dylan et moi. Elle s'est rembrunie un instant et puis elle m'a regardé par en dessous en ajoutant : « Ce n'était pas le cas, hein ? » J'ai levé les yeux au ciel. Elle était rassurée. Au moins, son fils est normal. Sexuellement. Je sais que c'est ce qu'elle a pensé.

N'empêche.

Ça m'attriste que Dylan et moi, ce soit fini. En si peu de temps, c'est ahurissant. À peine deux mois qu'on est rentrés et déjà, je ne compte plus pour rien. C'est dire la profondeur du lien qui nous unissait. Alors qu'on a passé tout notre temps ensemble depuis le primaire. Je n'en reviens pas. Par moments, honnêtement, ça me donnerait presque envie de chialer.

Presque, seulement. À d'autres, la rage monte en moi, j'ai envie d'aller le trouver et de lui hurler dessus, de lui demander des comptes. Mais je ne m'abaisserai pas à ça. Je ne m'humilierai pas en face de lui – de lui et de ses deux nouveaux meilleurs amis, Samir et Ludo, qui, à eux deux, doivent totaliser quatre neurones et 12 de QI.

Je me sens seul.

Les choses n'ont pas changé autant que je le croyais, à Clemenceau. Les barrières sociales sont solides. Ancrées depuis des générations. Bien sûr, après mon coup d'éclat, il y a eu des débuts de conversation. Je suis devenu intéressant pendant

9 **qn se rembrunit** jds Miene verdüstert sich – 14 **n'empêche** aber dennoch – 16 **ahurissant** très surprenant – 17 **la profondeur** Tiefe – 23 **demander des comptes** *mpl* **à qn** lui demander de s'expliquer – 24 **s'humilier** sich erniedrigen – 26 **le QI** *abrév de* quotient intellectuel

au moins trois jours, et puis après, rien. Il aurait fallu que je maintienne la flamme. Que je continue mon petit manège. Que j'agresse d'autres profs. Que je sois rebelle. Que je colle au stéréotype du jeune de Saint-Ex, sans limites et dangereux.

Je ne suis pas tombé dans le panneau.

Je ne suis pas comme ça. Je sais bien que mon passé ne plaide pas en ma faveur – et je ne renie rien, mais en solitaire, les blagues, les insolences, les incartades, ça ne m'intéresse pas. J'ai besoin de compagnie. D'un duo, au moins. Mieux encore, d'un groupe. Je me demande si je retrouverai ça un jour.

Mes résultats ne sont pas fameux – on s'en doutait. J'ai vérifié l'état de ma mémoire, et effectivement, elle marche plutôt bien, je retiens facilement les cours, mais ici, on n'est pas à Saint-Ex, et on ne te demande pas seulement de recracher les leçons. Il faut aussi « analyser, trouver des angles d'attaque pour un sujet, une problématique », comme n'arrête pas de le répéter la Fernandez, et ça, ce n'est pas mon fort.

Avec la Fernandez, d'ailleurs, c'est aussi déroutant et décevant qu'avec mes camarades de classe. Je pensais que l'incident d'il y a dix jours aurait déclenché quelque chose, un dialogue, un intérêt, mais non, rien du tout. Le lendemain, quand je lui ai rendu mon travail, elle a remarqué froidement qu'il avait bien été spécifié que les devoirs devaient être manuscrits et qu'en conséquence, elle me retirerait des points. Comme entretemps, je me suis tapé un claquot au commentaire sur *Huis clos*, parce qu'apparemment je n'ai rien compris à la pièce, les relations sont presque polaires entre nous.

2 **un manège** *ici :* Spielchen – 5 **tomber dans le panneau** *expr* sich hereinlegen lassen – 7 **en ma faveur** zu meinen Gunsten – 7 **renier** verleugnen – 8 **une incartade** Streich – 15 **un angle d'attaque** *ici :* un aspect, une perspective intéressant(e) – 18 **déroutant** verwirrend – 20 **déclencher** provoquer – 24 **manuscrit** écrit à la main – 25 **se taper qc** *fam ici :* obtenir qc – 25 **un claquot** *fam* une mauvaise note – 27 **polaire** très froid

Je déprime. Sérieusement.

Je regarde autour de moi, ma mère, mon père, les bourges de Clemenceau, les ex-tueurs de Saint-Ex – Dylan et ses nouveaux potes –, je trouve tout minable, petit, resserré. Je ne vois pas comment je vais m'en sortir, pourtant il faut que je m'en sorte.

Je pose mon front sur une des vitres du couloir du bâtiment G. Les autres sont en récré. Il est 4 heures de l'après-midi. Le ciel est couvert. Le bâtiment est vide. Je n'ai pas le droit d'être ici, normalement. Un bruit de clés. La Fernandez sort de sa salle. Manquait plus qu'elle.

– Vous faites quoi, là, Silber ?

– Je m'apprête à passer par la fenêtre.

– Vous allez vous rater.

– Une grande habitude chez moi.

– Vous allez arrêter de faire votre Jérémie, oui ?

– Mon quoi ?

– Jérémie. Saint Jérémie. Il se plaignait tout le temps. D'où le terme « jérémiade ». Vous connaissez le terme « jérémiade » ?

– Je ne suis pas illettré.

– Oui, enfin, il y a des progrès à faire en grammaire.

Je ne réponds rien. Je n'ai pas envie de me battre.

Même avec des mots. Même contre la Fernandez.

Elle reste là. Elle plisse les yeux.

– Vous êtes sûr d'aller bien, Silber ?

– Honnêtement ?

– Honnêtement.

– Pas trop.

– Il faut que nous parlions de votre devoir, Quentin.

Elle m'a appelé Quentin. Mon prénom résonne à mes oreilles. Je baisse la tête.

– Inutile. Je sais.

– Vous savez quoi ?

2 **un bourge** *fam abrév de* **bourgeois** une personne riche – 4 **un pote** *fam* un ami – 4 **minable** nul – 4 **resserré** *ici :* eng – 7 **la récré** *abrév de* **récréation** la pause – 13 **se rater** *fam* rater son suicide – 17 **se plaindre** sich beschweren

– Que je n'ai pas respecté les consignes, qu'il n'y a pas de plan, que j'ai dû commettre des tonnes d'erreurs de grammaire et d'orthographe.

– J'aimerais que vous restiez à la fin du cours, tout à l'heure. Ne vous inquiétez pas, je ne vais pas vous agresser, ni vous sauter dessus. Simplement, il y a des choses qui doivent être dites. D'accord ?

– D'accord.

– À tout à l'heure.

Je suis encore plus paumé qu'avant. J'erre dans les couloirs. Mais la pluie intérieure s'est arrêtée. Il n'y a pas encore d'éclaircies – mais le ciel n'est plus aussi uniformément gris. Disons qu'il y a du gris clair et du gris foncé. C'est déjà ça.

10 **paumé** *fam* perdu – 10 **errer** marcher sans but

SCÈNE V

21 OCTOBRE – SOIR

J'AI VU DYLAN, TOUT À L'HEURE. Il voulait que j'aille boire des bières avec lui, ce soir, chez un de ses nouveaux potes. J'ai décliné l'offre, mais j'étais content de parler avec lui. On est restés un moment devant l'immeuble. Je lui ai demandé comment ça se passait, à Albert-Camus. Il m'a répondu en riant qu'il ne savait pas trop, vu le peu de temps qu'il y passait. Ses parents avaient déjà reçu deux courriers du bahut pour ses absences répétées.

– Et ils ne disent rien ?

– Tu connais mes parents.

Il y avait du regret dans ses paroles. Oui, les parents de Dylan, je les connais. Ce sont les miens, en pire. Son père est au chômage. Il travaille au noir. Papiers peints, peintures, un peu de plomberie et d'électricité. Sa mère travaille de nuit, technicienne de surface dans les bureaux, au centre-ville. Ils ne font que se croiser. Jordan, son frère, est déjà le caïd des moins de quinze ans dans le quartier. Les parents laissent faire. Parfois, son père se paye une crise d'autorité et frappe sur tout ce qui bouge. Le reste du temps, il ferme les yeux.

– Ah si, ma mère m'a dit que si je voulais quitter l'école pour bosser, je pouvais le faire.

– Et alors ? Tu vas suivre son conseil ?

– Aucune idée. J'ai pas envie de me prendre la tête, pour l'instant. Et toi, chez les bourges ?

– Déprimant.

– Mais tu n'abandonnes pas.

– C'est une question ?

5 **décliner** refuser – 15 **un papier peint** Tapete – 16 **la plomberie** Klempnerarbeit – 17 **une technicienne de surface** une femme de ménage – 18 **se croiser** *ici :* se voir rapidement, sans parler – 18 **un caïd** un chef – 20 **frapper** taper – 23 **bosser** *fam* travailler

– Non, c'est un ordre !

– Pardon ?

– T'as pas intérêt à abandonner. T'es beaucoup plus doué que moi.

– N'importe quoi.

Là-dessus, il est parti. Il avait le dos voûté. Le dos de son père. L'image m'a perturbé. Elle m'a suivi jusque dans ma chambre. C'est elle que j'avais en tête quand j'ai lu les premières pages du bouquin que m'a donné la Fernandez.

Le rendez-vous avec elle, ça aussi, ça m'a perturbé.

Je me suis pointé à l'heure prévue. J'étais nerveux. Quand je l'avais croisée dans le couloir, elle n'avait pas l'air fâchée – plutôt inquiète. Je me demandais si elle n'allait pas tenter de fouiller dans ma vie privée, faire sa psychologue de base, détailler mes relations avec mes parents et ma sœur. Et se servir de mes réponses pour alerter les services sociaux, par exemple. Je ne me l'imaginais pas en indic, mais au fond, je ne la connais pas du tout.

Elle a ouvert la porte et m'a toisé pendant quelques secondes. Elle avait retrouvé son regard intimidant.

Elle me scrutait. J'étais de plus en plus mal à l'aise. Je m'en voulais d'avoir cédé. D'être là, dans sa salle, parce qu'elle me l'avait ordonné.

Elle s'est assise à son bureau. Elle a rangé quelques papiers et je suis resté debout, à me dandiner. Elle a sorti les trois pages A4 de mon devoir. Dessus, il n'y avait aucune annotation. Ni aucune note.

– On va parler un peu de ça, Silber.

J'ai cherché une répartie cinglante – ou au moins ironique –, mais rien n'est venu. Je me revoyais, sur l'ordinateur, en pleine

3 **doué** qui a du talent – 6 **voûté** gebeugt – 7 **perturber qn** jdn durcheinanderbringen – 9 **un bouquin** *fam* un livre – 11 **se pointer** *fam* arriver – 12 **fâché** en colère – 14 **fouiller** chercher – 17 **un indic** *abrév de* **indicateur** (de police) Spitzel – 19 **toiser qn** jdn mustern – 21 **scruter** observer avec attention – 22 **céder** *ici :* accepter – 25 **se dandiner** s'appuyer sur un pied, puis sur l'autre – 29 **une répartie** une réponse

nuit. Je ne me souvenais plus de la moitié de ce que j'avais écrit. Je ne m'étais pas relu.

– Vous êtes conscient que vous avez transgressé toutes les règles, Silber.

– Je… C'est quand même une lettre.

– Je ne parle pas du sujet, Silber. Vous n'êtes pas hors sujet. Sauf quand tout à coup, vous parlez de tout à fait autre chose, mais bon, dans l'ensemble, c'est une lettre, oui, et à un personnage de fiction.

– Un lièvre.

– C'est ça, un lièvre.

– Je ne me suis pas moqué de vous, madame.

Le « madame » m'a tué. D'un seul coup, je lui reconnaissais une autorité. Un statut. Je m'en suis voulu de ma lâcheté. Elle ne détachait pas ses yeux des miens.

– Je sais. C'est ce que j'ai cru au début. *Le Lièvre et la Tortue*, en première, je me suis dit, c'est de la provocation. Pas ensuite. Mais les règles, Silber. Le devoir doit être manuscrit, la grammaire et l'orthographe respectées, la forme aussi.

– Ce n'est pas mon fort.

– Ça peut le devenir. Mais tout cela, ce n'est pas l'essentiel. L'essentiel, Silber, c'est que vous me mettez en porte-à-faux. Vous me racontez des choses extrêmement personnelles qu'il m'est impossible de noter.

– C'est le sujet qui veut ça, non ?

– Il faut apprendre à jouer avec les sujets, Silber. À la fin de l'année, pour le bac français, vous n'allez pas vous mettre à nu devant un examinateur en lui dévoilant vos pensées les plus secrètes !

– Je ne sais pas jouer, madame.

Ce « madame »-là, il était plus calculé. Les « a » étaient plus relâchés. Des voyelles ironiques. Est-ce que ça existe, des voyelles ironiques ?

3 **transgresser** ≠ respecter – 14 **la lâcheté** Feigheit – 22 **mettre qn en porte-à-faux** mettre qn dans une situation difficile – 27 **se mettre à nu** tout dire de soi (**nu** nackt) – 32 **relâché** locker

– Ça tombe bien, Silber. C'est ce que je me propose de vous enseigner.

– Hein ?

Le « hein », il est sorti tout seul, et j'ai dû en plus faire une vraie tête d'ahuri parce que la Fernandez a souri.

– Parfaitement. Vous allez apprendre à jouer. Mais chaque chose en son temps. D'abord, vous allez recopier votre devoir, proprement, en respectant les règles et en corrigeant les fautes : je vous en ai dressé toute une liste sur une page à part, tenez, la voici. Cela me permettra de vous mettre 17 ou 18, ce qui ne manquera pas d'impressionner favorablement le proviseur qui, vous vous en doutez, en a après votre peau, même si vous n'avez encore rien fait de condamnable.

– Mais c'est de la triche !

– Non, Silber. C'est du jeu. Mais pour jouer, il faut être deux. Vous voulez bien être de la partie ?

Elle s'est reculée sur sa chaise, un sourire en coin. J'en suis resté stupéfait – mais je ne suis pas né de la dernière pluie. Je me doutais bien qu'il y avait une contrepartie.

– En échange de quoi… ai-je commencé, ce qui a déclenché une cascade de rires chez la Fernandez.

– Ah, je savais bien que vous étiez rusé, Silber !

– Lucide, disons.

– Les deux vont de pair. En échange de quoi, donc, je vous somme de lire ce texte.

Elle m'a tendu un petit bouquin – sur la couverture, la photo un peu floue d'une jeune fille et d'une plus vieille, sa mère, sans doute. Le titre. *La Ménagerie de verre*. L'auteur. Tennessee Williams.

– Vous connaissez, peut-être ?

5 **un ahuri** une personne très surprise et qui fait une drôle de tête – 12 **en avoir après (la peau de) qn** *fam* jdn auf dem Kieker haben – 13 **condamnable** verwerflich – 14 **la triche** Betrug – 17 **se reculer** aller vers l'arrière – 18 **ne pas être né de la dernière pluie** *expr* ne pas être naïf – 20 **déclencher** provoquer – 22 **rusé** schlau – 23 **lucide** scharfsinnig – 24 **aller de pair** Hand in Hand gehen – 25 **sommer qn de faire qc** ordonner à qn de faire qc – 27 **flou** unscharf

– C'est la pièce que vous mettez en scène cette année avec l'option théâtre.

– L'une des deux pièces, oui. Il y a de nombreux inscrits, en art dramatique, cette année. Nous monterons deux spectacles. Vous l'avez lue, celle-ci ?

– Non. Le nom de l'auteur, je l'ai déjà entendu. Mon père est fan de Johnny Hallyday. Vous n'êtes pas obligée de rire.

Trop tard. C'était fait. Je n'ai pas pu m'empêcher de sourire, moi aussi. Dans cet instant-là s'est glissée une complicité que je n'avais pas prévue.

– Vous ne voulez tout de même pas que je joue un des personnages, hein ?

– J'ai dit chaque chose en son temps, Silber.

– Parce que ça, c'est niet.

– Je vous demande simplement de lire la pièce.

– Il faut une fiche de lecture ?

– Parfaitement.

– C'est une blague ?

– Absolument pas. Si la fiche est adéquate, elle pourra même être notée. C'est la seule façon que j'ai de savoir si vous avez effectué la tâche que je vous ai demandée.

– Je pourrais recopier ça sur Internet.

– Je connais tous les résumés qui traînent sur Internet. Et puis ça vous prendrait presque autant de temps que de lire cette centaine de pages de dialogues. Bon, donc, on dit après les vacances de Toussaint ? Ce n'est pas comme si vous crouliez sous le travail.

Elle m'a lancé ça avec son ton pince-sans-rire. Elle était au courant, évidemment, pour le devoir d'histoire, l'expression en anglais, l'oral d'espagnol et tout le reste.

Sacrée Fernandez. Si elle n'existait pas, il ne faudrait pas l'inventer.

19 **être adéquat** convenir, aller – 21 **effectuer** faire – 21 **une tâche** Aufgabe – 26 **les vacances de Toussaint** Herbstferien – 26 **crouler sous le travail** von der Arbeit erdrückt werden – 28 **un ton pince-sans-rire** le ton de qn qui blague alors qu'il a l'air sérieux – 31 **sacré** verdammt

SCÈNE VI

2 NOVEMBRE

BON. D'ACCORD. Ça se lit vite.

C'est toujours curieux de lire une pièce de théâtre. Ça m'avait fait le même effet avec *Huis clos*. Il manque quelque chose. Les voix. Surtout les voix. C'est important de connaître les timbres, pour se représenter les personnages. Les costumes aussi. Parce que mine de rien, dans les romans, on décrit souvent ce que portent les personnages, et ça aide à les imaginer en train de bouger et de parler. Alors que là, bon, il y a bien quelques remarques entre les tirades – les fameuses *didascalies* chères à la Fernandez – mais c'est quand même très rapide, pardon, très *succinct*.

Du coup, je suis allé traîner du côté d'Internet voir s'il n'y avait pas un film qui en avait été tiré, et paf, en deux temps trois mouvements, je suis tombé dessus. Hier, alors que tout le monde dormait, je me suis regardé l'adaptation. Pas mal, mais sans plus. C'est bizarre. C'est comme s'il manquait encore quelque chose. J'avais ressenti des émotions en lisant la pièce – et je ne les retrouvais pas dans le film. Les images étaient jolies, léchées, les personnages bien campés, l'histoire respectée à la lettre, mais tout cela manquait de jus. De nervosité. Voilà. C'est ça. À la lecture, il m'a semblé que c'était une pièce nerveuse, avec des personnages au bord du précipice, à la limite de la rupture – et dans le film, tout semblait presque calme. C'était la première fois que j'avais une critique à formuler sur une adaptation – mais je ne suis pas spécialiste de théâtre filmé non plus.

6 **le timbre (d'une voix)** Klang – 8 **mine de rien** *expr* auch wenn es nicht so aussieht – 11 **une didascalie** une indication scénique – 13 **succinct** [syksɛ̃] knapp – 21 **léché** *ici :* bien (re)travaillé – 21 **camper un personnage** le jouer – 22 **le jus** *ici :* l'énergie – 24 **un précipice** Abgrund – 25 **une rupture** Bruch

Bon, je ne suis pas dupe. Je vois bien pourquoi elle tient à ce que je lise ce bouquin, la Fernandez. C'est l'histoire d'un mec qui voudrait bien se tirer de chez lui, du boulot de merde qu'il a dans une usine de chaussures et aussi de l'emprise de sa mère – une espèce de tarée qui croit qu'elle est toujours la grande bourgeoise qu'elle était dans sa jeunesse alors qu'ils n'ont visiblement plus un rond et qu'ils vivent dans un quartier pourri et dans un appart insalubre. Le gars, Tom, il rêve d'aventures, de voir du monde, on le comprend vu comment c'est irrespirable chez lui. Le problème, c'est qu'il a une sœur plus jeune. Une espèce de petite chose fragile qui collectionne les figurines en verre – d'où le titre *La Ménagerie de verre* –, qui est carrément paumée dans l'existence, qui a abandonné ses études de secrétariat et qui rêve en secret du grand amour. Le hic, c'est que, outre le fait qu'elle est très timide et enfermée dans son monde, elle boite, je suis passé vite dessus alors je ne sais plus si c'est à cause d'une maladie qu'elle aurait chopée ou d'une malformation de naissance. Donc, on imagine le tableau, une fille qui ne dégoise pas un mot, qui rougit pour un rien, dont le seul bonheur sur terre est d'admirer ses mochetés en verre, qui est handicapée physique et qui ne rencontre personne parce que les autres lui font peur. Sûr que laissée toute seule, elle ne va pas s'arranger – et qu'elle va totalement passer à côté de sa vie. Le ratage total. Bref, le gars est face à son dilemme – rester et s'occuper de sa sœur ou se barrer en tentant d'oublier tout, sa famille, sa « viedemerde.com », pour se réinventer à l'autre bout du monde.

OK. Je vois bien les échos avec la mienne, de vie. Mais j'ai envie de dire que, bon, les situations sont très différentes. D'abord, on ne vit pas à la même époque. En plus, ma sœur

→ ähnlich zu seinem Leben

3 **se tirer** *fam* partir – 4 **l'emprise** *f* l'influence – 5 **un taré** un fou – 7 **ne plus avoir un rond** *fam* ne plus avoir d'argent – 8 **insalubre** ≠ aux normes de l'hygiène – 15 **un °hic** *fam* un problème – 15 **outre qc** en plus de qc – 16 **boiter** hinken – 17 **choper** *fam* attraper – 19 **dégoiser** *fam péj* parler – 20 **une mocheté** ≠ une beauté – 24 **un ratage** ≠ un succès

c'est une super bonne élève et, sous ses airs de tortue, c'est peut-être bien un lièvre, elle aussi. Et puis mes parents ne ressemblent pas du tout à la Amanda de la pièce. D'abord, ils ne se prennent pas pour ce qu'ils ne sont pas, au contraire. Cela dit, je dois bien admettre que je rêve très souvent de m'évader de ma chambre, de l'appartement, du quartier, de la ville. Clemenceau – c'est trop près encore. J'ai besoin de distance, de route, de kilométrage, de sentir le sang qui coule dans mes veines, la sueur dans mon dos et laisser mes yeux vagabonder sur un paysage inconnu.

D'accord. Et alors ?

Qu'est-ce qu'elle veut que j'en fasse, de son histoire ? Surtout qu'à la fin, le fameux Tom s'en va, devient marin, puis passe sa vie à culpabiliser et à regretter d'avoir laissé sa sœur pourrir toute seule sa vie.

Un livre, ça devrait donner des solutions – pas ajouter des problèmes.

Mais ce n'est pas ce qui me dérange le plus. Ce qui me perturbe vraiment, c'est le lien entre le livre et la pièce qu'ils sont en train de monter, avec l'option théâtre. Qu'est-ce qu'elle cherche ? Que je reprenne un rôle ? Et c'est quoi cette histoire de m'enseigner le jeu ?

Je suis au courant de la distribution – mine de rien, j'ai les oreilles qui traînent quand les options théâtre discutent. Je connais de vue le gars qui tient le rôle de Tom. Un terminale. Brillant. Un peu sûr de lui, peut-être – mais après tout, il a déjà tenu les rôles principaux dans les deux derniers spectacles du lycée. Et paraît-il qu'il passe des castings et qu'il intéresse déjà certains producteurs, ou metteurs en scène. Je me souviens aussi que Heathcliff tient le rôle de Jim, le copain de Tom. Il m'en a brièvement parlé après mon éclat dans le cours de la Fernandez. La sœur est jouée par une fille qui s'appelle Julie, je crois, mais je ne l'ai jamais vue. Et la mère, elle est en

8 **le sang** Blut – 9 **la sueur** Schweiß – 13 **un marin** → la mer – 14 **culpabiliser** se sentir *coupable* (schuldig) – 23 **la distribution** *ici :* Besetzung

terminale, avec celui qui joue Tom. Une fille extravertie qui parle fort et traverse les couloirs à grandes enjambées. Elle est parfaite pour le rôle d'Amanda, elle. Bon choix.

Je m'acharne sur ma fiche de lecture. Je déteste ça. Résumer l'intrigue, acte par acte. Dresser la liste des personnages et les qualifier en utilisant les adjectifs adéquats. Relever quelques citations frappantes – et expliquer les raisons de son choix. Émettre un avis sur le texte.

Je trouve que j'aplatis tout. Que l'histoire tient en quelques phrases et sonne vaguement ridicule. Le charme – parce qu'il y en a un, c'est sûr – ne se trouve pas là-dedans. Il vient surtout du portrait d'une famille sur le point d'éclater – et du fait que le narrateur l'évoque comme un souvenir, et relate les faits longtemps après qu'ils se sont déroulés. La mélancolie de l'ensemble. En fin de compte, tout le monde a raté sa vie là-dedans. À part Jim, peut-être. Heathcliff, donc.

C'est réjouissant.

Je ne sais pas ce que je viens faire là-dedans.

2 **à grandes enjambées** mit großen Schritten – 4 **s'acharner sur qc** faire de gros efforts pour faire qc – 5 **l'intrigue** *f ici :* l'action – 9 **aplatir** rendre plat, *ici :* ennuyeux – 12 **éclater** *ici :* auseinanderbrechen – 14 **un fait** Tatsache – 17 **réjouissant** → la joie

SCÈNE VII

5 NOVEMBRE

JE NE SAIS PAS CE QUE JE VIENS faire là-dedans. J'étais déjà assez surpris de recevoir un coup de téléphone d'Heathcliff, avant-hier. Surtout qu'il m'invitait à une soirée chez lui. Ses parents étaient comme d'habitude aux abonnés absents, sa mère à Deauville, son père à l'étranger, la voie était libre.

J'étais abasourdi. Tout ce que j'ai trouvé à répondre c'est :

– Mais comment tu as eu mon numéro de téléphone ?

Ce qui a eu le don de le faire rire.

– Tu sais que tu es sur l'annuaire ? Des Silber, il n'y en a pas des tonnes.

J'ai bredouillé que oui, bien sûr, je viendrais. J'ai demandé s'il fallait amener quelque chose.

– Ta copine, si tu veux.

– Je n'en ai pas.

– Ah. Tant mieux, il y aura plein de filles.

– Je n'aime que les tatouées avec des piercings dans le nez qui parlent de façon vulgaire.

– Anastasia par exemple, donc.

J'ai gloussé. Je gloussais encore en raccrochant et là, à côté de moi, il y avait ma sœur. Elle hochait la tête. Elle a dit :

– C'est vrai que c'est bizarre que t'aies pas de copine.

Et je l'ai envoyée balader sans mettre les formes.

Non, ce n'est pas très étonnant, quand on y pense. J'en ai eu deux, jusqu'à présent – trois si l'on compte la première, avec qui ça n'a duré que deux jours. Il y a eu Tiphaine, en 4e. Brune. Avec quelques boutons. Jolie. Rigolote. Plutôt bonne élève.

8 **abasourdi** très surpris – 11 **l'annuaire** *m* Telefonbuch – 13 **bredouiller** parler de façon peu claire – 21 **glousser** kichern – 22 °**hocher la tête** nicken – 24 **envoyer balader qn** *fam* jdn zum Teufel jagen – 24 **sans mettre les formes** *ici :* sans être sympa – 28 **un bouton** *ici :* Pickel

Elle m'a laissé tomber au bout de trois mois, parce qu'elle s'ennuyait avec moi. Qu'on ne faisait rien d'autre ensemble que de traîner dans les rues. Elle, elle voulait du cinéma, du bowling, de la piscine, des sorties. Désolé – je n'en avais pas les moyens.

L'année suivante, Samantha. Blonde. Beaucoup moins drôle – mais avant tout parce qu'elle n'avait aucun sens de l'humour. Obnubilée par le maquillage, le vernis à ongles, les téléphones portables, les voitures décapotables, Jay-Z, j'en passe et des meilleures. J'ai arrêté les frais au bout d'un trimestre, aussi parce que je n'en pouvais plus de l'entendre jacasser.

Et ensuite, rien. Depuis que je suis au lycée, c'est le désert. L'année dernière, j'étais le bouffon de service. Les filles aiment bien les bouffons de service, mais elles ne sont pas folles : elles ne sortent jamais avec. Elles veulent un minimum de sérieux, de quoi se projeter au moins quelques semaines. Quelqu'un de présentable aux parents au cas où. Les filles de Saint-Ex, surtout. Elles en ont tellement marre de leurs frères, leurs cousins, leur père, leurs oncles qui ne les prennent pas au sérieux et qui lancent des vannes en dessous de la ceinture dès qu'ils ont bu un verre de trop, qu'elles ne cherchent que des gars sobres, avec les épaules solides, et une idée précise de ce qu'ils vont faire de leur existence. Évidemment, elles ne trouvent pas. Enfin, pas dans le quartier, en tout cas. C'est incroyable le nombre de célibataires autour de moi. Ça s'interpelle, ça jase, ça fait les yeux doux, ça drague, mais finalement, rien ne se conclut – ou si peu.

J'aurai peut-être plus de chance avec les filles de Clemenceau. Je suis tellement exotique. Un pauvre – et même pas basané, quelle chance ! Un insolent mais pas trop. Juste de

8 **obnubilé par qc** besessen von etw – 8 **le vernis à ongles** *mpl* Nagellack – 9 **une voiture décapotable** un cabriolet – 10 **arrêter les frais** *mpl expr* sich die Mühe sparen – 11 **jacasser** schnattern – 20 **une vanne** *fam* une blague – 22 **sobre** *ici :* maßvoll – 26 **interpeller qn** *ici :* jdn anpöbeln – 26 **ça jase** es wird geklatscht/getratscht – 26 **draguer** anmachen – 30 **basané** dunkelhäutig

quoi bouleverser gentiment les habitudes. Le frisson de la peur dans leurs dessous en dentelle.

Sauf que ça doit rester le plus souvent dans le domaine du fantasme. Parce qu'après, qu'est-ce qu'elles feraient de moi ? Je serais une tache dans leur décor parfait, un accroc dans leur tissu. La preuve : aucune n'a tenté la moindre approche.

Ce soir, c'est moi qui attaque.

Je vais les effaroucher, les saintes nitouches.

C'est ce que je me disais en me préparant – pour la première fois, je suis resté une heure devant ma penderie en maudissant mon manque d'argent, mon manque de goût, mon manque de chaussures un peu tendance, mon manque de tout, tous mes manques. Inutile de dire que je n'étais pas rassuré.

Maintenant, ça va mieux – mais honnêtement, je me demande encore ce que je fais là. Ils me saluent tous chaleureusement, me tapent sur l'épaule, me lancent « Ça va, Quentin ? », mais personne ne s'assied à mes côtés pour entamer une conversation. Il faut dire qu'avec le niveau sonore, ce n'est guère possible. Comme je l'imaginais, le fossé musical entre ce qu'écoutent mes copains de Saint-Ex et mes nouveaux camarades de jeu tient plutôt du gouffre. Ici, on a droit à l'intégrale des groupes rock anglais dernière mode. Pas un seul rap – si, Eminem, tout à l'heure – et c'est tout juste si les jeunes filles n'ont pas poussé des cris d'orfraie – panique à bord, du son de la banlieue – mais bon, Eminem est blanc quand même, alors, ce n'est pas tout à fait pareil.

Je suis injuste. Ils ne sont sans doute pas aussi caricaturaux que ça. Mais c'est la première fois que je mesure vraiment tout ce qui nous sépare, et ça me reste en travers de la gorge.

1 **bouleverser** *ici :* changer – 1 **un frisson** Zittern – 2 **la dentelle** Spitze – 3 **sauf que** außer dass – 5 **une tache** Fleck – 5 **un accroc** [akro] un trou – 6 **un tissu** Stoff – 8 **effaroucher qn** faire peur à qn – 8 **une sainte nitouche** *expr iron* Unschuldsengel – 10 **une penderie** Kleiderschrank – 10 **maudire** verfluchen – 12 **tendance** à la mode – 19 **un fossé** Graben, *ici :* Kluft – 21 **un gouffre** Abgrund – 22 **l'intégrale** *f* la collection complète – 24 **une orfraie** Seeadler

Les parents d'Heathcliff habitent un cent vingt mètres carrés donnant sur le Jardin suisse – l'arrière de l'avenue des Ternes. Je ne veux même pas savoir combien ça peut coûter, un endroit pareil. Comme leur petit chéri voulait organiser une fête et qu'ils se sentent très coupables de ne pas pouvoir passer plus de temps avec lui, ils ont non seulement laissé l'appart, mais aussi engagé un DJ et acheté des centaines de petits fours. Ils n'auraient pas dû, parce que dans un grand élan de solidarité, les autres aussi ont cuisiné cet après-midi, et ils ont rivalisé d'ingéniosité, évidemment. Je suis le seul à être venu les mains vides. J'aurais dû m'arrêter au McDo.

Je suis en train de me demander comment je vais rentrer chez moi, maintenant que les bus de ville sont couchés, quand Heathcliff s'approche, flanqué d'une fille blonde aux yeux bleus, en robe noire – une vraie gravure de mode. Je soupire. Je me compose un visage avenant. Je m'apprête à tenir la chandelle.

– Quentin ? Je te présente Julie.

– Enchanté.

– Julie joue le rôle de Laura, dans notre pièce. La sœur du narrateur.

– Ah. Oh. T'es beaucoup trop jolie pour le rôle.

Elle rit. Heathcliff lève les yeux au ciel. Je sais, le compliment était facile, mais je suis un garçon facile.

– Je trouvais intéressant de vous présenter.

– C'est gentil, mais pourquoi ?

– C'est bien toi que Fernandez pressent pour le rôle de Tom, non ?

J'avais beau me douter de quelque chose, c'est comme si je recevais un direct en plein plexus. Tout l'air m'est retiré d'un coup. J'ai du mal à balbutier :

– Première nouvelle.

7 **un petit four** Feingebäck (salzig oder süß) – 10 **l'ingéniosité** *f* la créativité – 14 **flanqué de** accompagné de – 15 **une gravure de mode** Modezeichnung – 16 **avenant** sympathique – 16 **tenir la chandelle** *expr* être avec un couple d'amoureux et se sentir de trop – 30 **un direct en plein plexus** Schlag in die Magengrube

Heathcliff se rembrunit.

– Tu veux dire qu'elle ne t'a parlé de rien ?

– Non. Elle m'a donné la pièce à lire, c'est tout. Mais il n'a pas été question de jouer ou de quoi que ce soit d'autre. De toute façon, le rôle est déjà pris par, comment s'appelle-t-il déjà…

– Sacha ? Ah, mais non. Sacha nous fait faux bond. Il aurait décroché un rôle dans un téléfilm ou un film, enfin, c'est resté très fumeux, mais il ne sera pas de la partie cette année. D'ailleurs, il a changé de lycée.

– C'est ridicule. Je ne suis pas acteur.

– Personne ne l'est au début. On le devient.

– Et puis la Fernandez doit avoir le choix. Ça se bouscule au portillon pour jouer dans ses créations.

– Oui, c'est sûr. En fait, elle était vraiment en colère contre Sacha. Elle comptait sur lui. Elle a voulu tout abandonner. C'est moi qui lui ai suggéré ton nom… Enfin, c'était juste après ton imitation, tu sais, et…

– C'est gentil de ta part, mais je ne…

– J'ai tout de suite trouvé que c'était une bonne idée. La fille qui s'appelle Julie vient de parler. Et de me regarder en face. J'ai la tête qui tourne un peu. C'est sans doute l'alcool.

– C'est un coup monté alors ?

– Un peu.

– Vous auriez pu me consulter !

– C'est ce qu'on est en train de faire.

– Moi qui pensais que tu m'avais invité chez toi simplement parce que je t'étais sympathique.

– Autant joindre l'utile à l'agréable.

– N'empêche que je ne suis pas au courant.

– Bon. On verra bien. Je peux te présenter Julie quand même ?

– C'est déjà fait, non ?

7 **faire faux bond à qn** jdn versetzen – 9 **fumeux** ≠ clair – 13 **ça se bouscule au portillon** *expr* il y a beaucoup de candidats – 23 **un coup monté** abgekartete Sache – 25 **consulter qn** demander à qn

– Je vous quitte. Je reviens dans quelques minutes. Il faut que j'aille chercher des bouteilles au cellier. Il n'y a plus rien à boire.

Alors voilà. Je suis avec Julie. J'ai l'air d'une poule qui a trouvé un couteau. Une poule vaguement rougissante, d'ailleurs. Je cherche désespérément un sujet de conversation, mais Julie me devance.

– Tu es déjà venu chez Heathcliff ?

– Non. Jamais. Mais nous ne nous connaissons pas depuis longtemps. Et toi ?

– Oh oui, souvent. Nos parents sont amis. Enfin, amis, c'est un bien grand mot. Disons qu'ils font des affaires ensemble. Je connais la famille depuis que je suis toute petite.

– Tu es en option théâtre, c'est ça ?

– Oui. En terminale.

– T'es plus vieille que moi, tu ne peux pas jouer ma sœur cadette.

– Au théâtre, tout est possible. Amélie joue bien ma mère.

– Pourquoi tu me vois en Tom, alors qu'on ne se connaît pas ?

– Je t'observe, parfois, dans les couloirs, ou dans la cour. J'aime bien ta façon de bouger. D'être en retrait aussi.

– Je n'avais pas vu qu'on m'espionnait.

– Il y a beaucoup de choses que tu ne vois pas. Et puis, je sais rester discrète.

– Un atout quand on doit jouer Laura.

– Oui, enfin, je n'ai pas grand-chose à voir avec elle non plus. Et toi, tu te sens des atomes crochus avec Tom ?

– J'ai droit à un joker ?

– Ah… Alors, c'est pour ça que Mme Fernandez t'a choisi.

– Sauf qu'elle ne l'a pas encore fait.

– Elle doit hésiter.

– Sûrement.

2 **un cellier** Keller – 4 **une poule** Henne – 26 **un atout** un avantage – 28 **des atomes crochus** de la sympathie

– Elle ne sait pas si elle veut une réincarnation de Tom ou un acteur pour le rôle.

– Je ne suis pas sûr de te suivre.

– Si tu lui ressembles trop, tu vas t'identifier et une des premières choses qu'on apprend dans le cours de théâtre, c'est que la scène, ce n'est pas la vie. Qu'il faut savoir redevenir soi-même quand les lumières s'éteignent.

La musique s'adoucit. Le *Somebody that I used to know* de Gotye envahit les baffles. Je tente de remettre mes idées en place. Je fixe l'autre bout de la pièce. Julie pose sa main sur mon bras.

– Tu ne devrais pas t'en faire. On verra bien ce qui adviendra. Tu danses ?

– Là-dessus ?

– Oui, pourquoi pas ?

– C'est très lent… Je ne vois même pas comment danser ça.

– Il suffit de bouger lentement. À deux.

– Comme un slow ?

– Si tu veux. Elle se lève.

Bientôt, nous sommes au milieu de la pièce.

Il n'y a que trois ou quatre couples – le reste de l'assemblée regarde, et commente. Nous sommes le centre de l'attention. Je sens mon cœur qui se met à battre plus vite. Julie remarque mon trouble. Elle sourit. Elle murmure à mon oreille :

– Il va falloir t'y habituer. C'est exactement ce que l'on ressent la première fois qu'on joue devant un public.

Après, je ne sais plus.

Rideau.

9 **une baffle** Lautsprecherbox – 12 **s'en faire** se faire du souci – 28 **un rideau** Vorhang

SCÈNE I

2 MARS

JE RETROUVE CE CARNET. Je l'avais enfoui au fond de la malle, dans ma chambre. Je me souviens de ce début d'année scolaire. Cela semble à la fois si proche et si lointain. C'est à peine si je me reconnais, et si je retrouve les sensations que j'éprouvais. Parfois, la vie passe en accéléré. Je vis des décennies en quelques mois.

Il s'est passé tellement de choses.

D'abord, oui, je suis sorti avec Julie. Et nous sommes toujours ensemble. Avec elle, j'apprends. Les codes d'un autre groupe, les références, les manières de parler et de bouger. Je suis plutôt doué. Ma mémoire est une mine. J'imite à la perfection. Julie est très patiente. Elle corrige mes erreurs. J'ai parfois l'impression qu'elle est ma professeure de langues étrangères. Elle, elle dit que c'est *Pygmalion* à l'envers. Je n'ai pas lu *Pygmalion*. J'aurais pu, mais je n'ai pas voulu. J'ai peur de ce que j'y trouverais.

Ses leçons sont variées. Elle m'enseigne aussi les filles – et elle insiste, elle prétend que c'est pareil pour les filles de Saint-Ex, que ce n'est pas une question de milieu social ni d'origine. Une fille, ça ne réagit pas comme un garçon. Une fille, ça a besoin d'attention. À Clemenceau, ça passe par des menus cadeaux – que je n'ai pas assez d'argent pour faire – et des prévenances : tenir la porte ouverte, ne pas soupirer quand elles ouvrent un magazine. À Saint-Ex, ajoute-t-elle, j'imagine que c'est pareil. Écouter, au moins, ce que la fille dit. Hocher la tête. En discuter à tête reposée. Ne pas monter le son de la musique pendant que la fille parle. Je trouve ça caricatural. Elle hausse

3 **enfouir** *ici :* cacher – 4 **une malle** une valise – 7 **en accéléré** rapidement – 8 **une décennie** dix ans – 13 **une mine** *ici :* Fundgrube – 23 **menu** petit – 24 **une prévenance** un acte de politesse (→ prévenir) – 29 °**hausser les épaules** *fpl* mit den Schultern zucken

les épaules. Elle répond qu'elle ne prétend pas le contraire – simplement, les caricatures et les stéréotypes viennent bien de quelque part. Je pense aux filles que j'ai connues, et à celles qui traînent dans le quartier, avec les autres. Je suspends mon jugement. Je remarque de nombreuses différences, mais au fond, sont-elles si dissemblables ?

Et puis le théâtre.

Elle m'enseigne le théâtre.

Bien sûr, ce n'est pas elle, normalement, la prof. C'est la Fernandez. Mais sans la présence de Julie, sans les scènes que nous jouons et rejouons dans son appartement, quand ses parents ne sont pas là, je ne serais que la moitié de Tom.

La Fernandez s'est décidée à me parler trois jours après la soirée chez Heathcliff. Elle m'a demandé de rester à la fin du cours, et Heathcliff s'est retourné vers moi pour me faire un clin d'œil. J'étais mal à l'aise. J'avais l'impression de tricher – je déteste être au courant des surprises qu'on me réserve, en fait. Je me dandinais d'une jambe sur l'autre. La Fernandez a froncé les sourcils.

– Vous savez pourquoi je vous ai demandé de rester, Silber ?

– Sans doute à cause du livre, non ?

– En grande partie, oui. Vous avez votre fiche de lecture ?

J'ai sorti trois pages griffonnées.

– Je ne l'ai pas finie. Enfin, peut-être que si. Je ne savais pas exactement ce qu'il fallait faire. Combien il fallait en écrire.

– La question n'est jamais *combien*, Silber. La question est *comment*. Toujours privilégier la qualité à la quantité. Même dans les devoirs. Enfin, cela ne signifie pas non plus qu'il ne faille écrire que trois lignes. Bon, vous l'avez trouvée comment, cette pièce ?

– J'ai compris pourquoi vous me l'aviez donné à lire.

– Tiens, c'est intéressant. Développez pour voir ?

1 **prétendre** affirmer – 4 **suspendre** *ici :* arrêter pour un instant – 16 **faire un clin d'œil à qn** jdm zuzwinkern – 16 **tricher** schummeln – 19 **froncer les sourcils** *mpl* die Augenbrauen hochziehen – 23 **griffonner** bekritzeln

– Disons qu'il y a sans doute des échos avec ma vie. Mais il y a de nombreuses différences aussi.

– Encore heureux. Nous ne sommes pas en 1943. Ce n'est pas la guerre.

– Ma mère ne vient pas de la haute société.

– La haute société. C'est un peu daté, comme vocabulaire. La haute société, Silber, vous nagez en plein dedans. Vous vous y sentez comment, d'ailleurs ?

J'ai hésité. Je voulais mentir. Mais devant le regard de la Fernandez, je ne sais pas exactement pourquoi, je n'y parviens pas. Je me soumets. Et ça m'agace. J'aimerais pouvoir lui tenir tête davantage.

– Mieux. Je commence à être invité à des soirées.

– Dans la haute société, donc.

– Oui.

– N'y perdez pas votre âme, Silber.

– Je ne sais pas ce que c'est, mon âme.

Elle a souri.

– C'est ce qui va faire de vous un acteur, Silber.

Je n'ai rien répondu.

– Je déduis de votre silence que vous êtes déjà au courant.

– Ils m'en ont touché quelques mots.

– Qui « ils » ?

– Heathcliff, Julie, d'autres aussi.

– C'est sans doute pour ça qu'ils vous ont invité, non ? Pour vous jauger. Vous soupeser. Vous évaluer. Savoir si vous êtes assimilable à leur groupe.

– Dit comme ça, ce n'est pas très flatteur.

– Vous croyez que je me trompe ?

– Non. Simplement, je ne trouvais pas les mots pour le dire. C'est vrai que ce sont eux qui ont suggéré de me prendre pour remplacer Sacha ?

– J'y pensais depuis quelque temps. Depuis ma discussion avec Collet, votre prof de l'an dernier. Il disait de vous que vous

6 **daté** demodé – 11 **se soumettre** sich fügen – 11 **agacer qn** énerver qn – 16 **l'âme** *f* Seele – 26 **jauger qn** jdn einschätzen – 28 **flatteur** *ici :* positif

étiez un diamant brut. Je déteste ces expressions toutes faites. Je ne cherche qu'à les faire mentir. Alors, je vous épiais.

– Et ?

– Ce qui est sûr, c'est que vous n'êtes pas du diamant.

– Me voilà rhabillé pour l'hiver.

– Écoutez, Silber, je déteste les diamants. Je trouve ça clinquant, comment dit-on maintenant, bling-bling, terriblement surévalué et très facilement imitable. Je cherche quelque chose de plus massif, quelque chose qu'un cambrioleur ne puisse pas faire disparaître dans ses poches.

– De l'or ?

– Du bronze, Silber. Évidemment, au début, ça semble décevant, le bronze. C'est la troisième place du podium. C'est une métaphore pour la merde.

J'ai sursauté. C'était la première fois que la Fernandez prononçait une grossièreté en ma présence. Elle a continué, imperturbable.

– Mais pensez au bronze des statues, Silber. Dans la ville, dans les parcs, au cœur des places. Elles se font prendre en photo par des troupeaux de Japonais, chier dessus par les pigeons, elles sont le témoin de toutes les bassesses du monde, vols, accidents, meurtres, et elles traversent tout avec indifférence – et avec classe.

– Vous vous identifiez, madame ?

Je n'ai pas pu m'empêcher de la sortir, celle-là. En parlant des statues, elle s'était mise à prendre la pose, elle avait levé la tête et levé les sourcils, elle figurait à la fois le mépris et la permanence.

D'un seul coup, elle est tombée de son piédestal. Et après quelques secondes de surprise, elle a éclaté de rire – je crois que c'est ce qui m'a le plus choqué, au fond. Plus que l'argot.

1 **un diamant brut** Rohdiamant – 2 **épier** espionner – 7 **clinquant** auffällig und kitschig – 10 **un cambrioleur** un voleur – 16 **une grossièreté** une expression malpolie – 17 **imperturbable** qui ne montre aucune réaction – 20 **un troupeau** Herde – 20 **chier** *vulg* kacken – 21 **un pigeon** Taube – 21 **un témoin** Zeuge – 21 **une bassesse** Gemeinheit – 27 **le mépris** Verachten – 29 **tomber de son piédestal** *expr* vom Podest fallen

Son rire – un vrai, grand rire, venu du ventre. Sonore et grave. Je n'aurais jamais imaginé que la Fernandez pouvait rire de cette façon-là. Elle était à deux doigts de se taper les mains sur les cuisses. Quand elle s'est un peu calmée, elle a essuyé une larme qui coulait de son œil droit et elle a ajouté :

– Vous voyez, c'est ça que j'aime chez vous, Silber. Il y a en vous un endroit intouchable. D'une insolence et d'une lucidité rares. Je ne suis pas persuadée que vous le gardiez en vieillissant. Il y a des qualités de révolte, de rage et d'impertinence qu'on a à l'adolescence, parfois, et qui disparaissent à l'âge adulte. Si vous parvenez à préserver ça, Silber, alors, vous serez quelqu'un de précieux. Bon, ce rôle, alors, il vous intéresse ou pas ?

– Oui. Mais ce que je répète à tout le monde, c'est que je déteste lire des textes devant un public, que je n'ai jamais pris de cours de théâtre, que je n'ai jamais joué devant qui que ce soit, que…

– En classe.

– Pardon ?

– En classe, vous jouez. Constamment. Tous. Vous avez vos petits rôles que vous vous êtes distribués, ou que d'autres vous ont distribués. Et vous vous jouez la comédie, toute la journée. L'intéressant, Silber, chez vous, c'est que le changement d'établissement vous a poussé à changer de rôle. C'est comme une mue, pour les reptiles. Vous êtes le même mais vous avez été obligé d'abandonner votre vieille peau à l'extérieur. Par moments, ça doit tirer et être douloureux, mais c'est avec la douleur et le souvenir de la douleur qu'on fait du bon théâtre, n'est-ce pas ?

– Parfois, vous me faites peur.

– Parce que je devine la vérité ?

– Oui.

4 **la cuisse** Schenkel – 10 **l'impertinence** *f* Unverschämtheit – 25 **une mue** *ici :* Häutung

– C'est à force de tenir des rôles, Silber. Quand on est entré dans la peau de dizaines de personnages, on commence à sentir les autres bouger en soi et à comprendre ce qu'ils ressentent. Ne l'ébruitez pas mais souvent, en classe, je perçois intimement ce que certains d'entre vous éprouvent. Rien d'anormal là-dedans, je suis, après tout, le metteur en scène.

– Je ne savais pas que vous aviez été actrice.

Un mouvement de la main – comme pour chasser un moucheron.

– Un metteur en scène, avant de vraiment mettre en scène, il rêve, il visite les personnages, il trouve des similarités, des dissemblances, il fait le tour du propriétaire. Et ensuite, il frappe dans ses mains, il sonne le rappel – fini de jouer, au travail. Alors, au travail, Silber. Venez dans l'auditorium mercredi à 13 h 30, c'est là que nous étudions le texte. Je ne tolérerai aucun retard.

– Je n'ai pas encore dit oui.

– Bien sûr que si. Ah… et au fait, pour vous décomplexer… Sacha ne cadrait pas du tout avec Tom. La haute société, même avec de nombreux cours et un certain talent, a du mal à se glisser dans la peau de la classe ouvrière. Sacha singeait. Vous serez bien plus crédible.

4 **ébruiter qc** raconter qc (→ le bruit) – 4 **percevoir** wahrnehmen – 5 **éprouver** ressentir – 9 **un moucheron** kleine Mücke – 12 **faire le tour du propriétaire** einen Besichtigungsrundgang machen – 18 **décomplexer qn** jdm seine Hemmungen nehmen – 19 **cadrer** *ici :* aller – 21 **ouvrier** Arbeiter- – 21 **singer** nachäffen – 22 **crédible** glaubwürdig (→ croire)

SCÈNE II

3 MARS

NOUS ÉTIONS CHEZ JULIE, cet après-midi. Ses parents étaient partis pour la journée. J'étais soulagé. Avec eux, j'ai toujours l'impression de passer un examen. Je surveille chacun de mes gestes, chacune de mes intonations. Les mots que j'emploie. C'est épuisant.

Ils ne voient pas d'un très bon œil que je sorte avec leur fille, naturellement. Pourtant, ils ne l'avoueront jamais. Au contraire, ils me sourient, me serrent la main avec effusion pour bien montrer à quel point ils sont ouverts. Ils s'intéressent à mes études, me demandent des nouvelles de mes parents et de ma sœur qu'ils n'ont jamais rencontrés. Mais un jour, j'ai entendu la mère de Julie au téléphone dire à une amie que, de toute façon, à cet âge-là, il ne faut pas s'en faire, ça ne dure pas très longtemps. « Ils ont toujours besoin de se révolter, c'est normal, c'est l'adolescence, tu te rappelles comment nous étions, nous aussi. Elle va rentrer dans le droit chemin très bientôt, j'en suis convaincue. Mieux vaut ne pas intervenir, cela ne ferait que la braquer. » Je me suis figé dans le couloir – j'étais seulement revenu pour chercher un livre que j'avais oublié dans la chambre de Julie. Ce jour-là, j'ai repensé à la mise en garde de la Fernandez.

Tout à l'heure, j'ai demandé à Julie ce dont elle se souvenait de ma première apparition dans l'auditorium. Elle était très perplexe. Aucune image ne lui venait. Toutes ces répétitions, tous ces mercredis après-midi se mélangeaient dans son

5 **surveiller qc** faire attention à qc – 7 **épuisant** fatigant – 8 **ne pas voir qc d'un très bon œil** *expr* ne pas être vraiment d'accord avec qc – 9 **avouer** zugeben – 10 **avec effusion** *f ici :* en étant sympa de façon exagérée – 20 **braquer qn** *ici : fam* jdn trotzig werden lassen – 20 **se figer** s'immobiliser – 26 **une répétition** *ici :* Probe

esprit. « Et puis, a-t-elle dit en riant, ma mémoire est une vraie chausse-trappe. » Je sais que c'est faux. Elle n'a aucun mal à retenir les répliques de Laura. La première fois, à l'auditorium, j'étais soufflé. La Fernandez m'avait proposé de rentrer sans bruit, une fois le cours commencé, et de m'installer dans un fauteuil au fond, sur la droite. Il y a là une sorte d'angle mort – les acteurs ne peuvent pas voir qui s'y cache. Un observatoire idéal.

D'emblée, j'avais été fasciné.

En l'absence de Sacha, la Fernandez avait demandé à un de ses élèves de seconde de donner la réplique. Je trouvais tout éblouissant. La façon dont Heathcliff interprétait Jim, le seul ami de Tom dans l'entrepôt où il travaille. Jim est un ambitieux, un homme qui croit au rêve américain, à l'avenir ; un homme persuadé qu'il va monter l'échelle sociale et atteindre le sommet grâce aux cours qu'il suit. Respirant la confiance en lui, l'optimisme, il est ce héros qui donne foi en la vie. Il est aussi le garçon dont Laura, la sœur de Tom, était amoureuse au lycée et à qui, bien sûr, elle n'a jamais osé déclarer sa flamme. Un soir, sur l'insistance de la mère de Tom, ce dernier invite Jim chez lui.

À un moment, Laura et Jim se retrouvent ensemble, en tête à tête. Elle tente maladroitement de l'intéresser à elle. Il lui révèle qu'il est fiancé. Le spectateur pressent la catastrophe – Laura va se renfermer, à nouveau, va passer son existence avec sa folle de mère, à collectionner les animaux en verre. La porte qui s'était entrouverte s'est refermée.

Le couple que formaient Heathcliff et Julie était à couper le souffle. Elle était méconnaissable, rougissante, pataude, timide – le contraire de ce qu'elle est dans la vie. Au début de la scène, elle semblait vouloir disparaître dans un trou de souris

2 **une chausse-trappe** Fallgrube – 4 **soufflé** *fam* baff – 6 **un angle mort** toter Winkel – 9 **d'emblée** tout de suite – 12 **éblouissant** merveilleux – 13 **un entrepôt** Lagerhalle – 15 **une échelle** Leiter – 16 **respirer** *ici :* (aus)strahlen – 17 **la foi** Glaube – 19 **déclarer sa flamme** déclarer son amour – 28 **être à couper le souffle** atemberaubend sein – 29 **pataud** plump

tant elle se sentait mal – et puis, petit à petit, s'échauffant au discours de Jim/Heathcliff, reprenant confiance, elle prenait des couleurs, souriait, devenait presque enthousiaste.

Je me souviens d'avoir ressenti une pointe de jalousie – dont je me suis ouvert à elle, à la fin de l'après-midi. Et aussi de son éclat de rire, à ce moment-là.

– Quoi ? Qu'est-ce que j'ai dit ?

– Heathcliff et moi ?

– Parfaitement.

– Alors tu n'es vraiment pas psychologue, toi !

– Pourquoi ?

– Heathcliff est gay. Tu dois être le seul à ne pas l'avoir remarqué !

– Je dois être le seul à n'avoir pas été mis au courant.

– Oh… Quentin… franchement… observe-le un moment, tu verras !

– En tout cas, dans cette scène, avec toi, il est particulièrement convaincant.

– C'est un acteur, Quentin. Tu as du mal avec ça. Il joue. C'est troublant, hein ?

Je n'ai rien répondu – mais, oui, j'étais troublé.

Je me rappelle m'être demandé si je voulais de ça – de ces faux-semblants, de tout ce mensonge monté en art.

Mais il y avait la Fernandez. La confiance qu'elle m'accordait – au moment où plus personne ne me faisait confiance.

Voilà. De tout cela, Julie n'avait aucun souvenir, apparemment. Mais c'est normal aussi, ce n'était pas la première fois qu'elle venait à l'auditorium, c'était une habitude pour elle, l'année dernière déjà, elle faisait partie de la distribution. Pour moi, tout était nouveau. Et j'avais l'intestin retourné.

Je sentais que ma vie prenait un tournant – j'avais peur de ce que j'allais perdre et, encore plus, de ce que j'allais gagner.

23 **un faux-semblant** bloßer Schein – 30 **l'intestin** m Darm

Nous étions chez Julie, donc, dans le jardin, quand j'ai reçu le SMS. C'était Dylan. « Besoin de te voir. Serai au château d'eau. 17 h. »

J'ai essayé de l'appeler, mais je suis tombé sur la messagerie. Il était 15 heures. J'avais prévu de rester avec Julie jusque tard dans la nuit. Je me suis retrouvé entre deux feux.

C'est souvent le cas, en ce moment.

La veille au soir, par exemple. J'étais allé prendre un café avec Julie et Heathcliff après les cours. Je n'avais pas vu l'heure passer. Quand j'étais rentré, ma mère préparait le repas et ma sœur faisait ses devoirs sur la table de la cuisine. Ma mère avait maugréé quelque chose comme « Tu aurais pu prévenir » et j'avais prétendu que mon portable était déchargé. Que j'avais une répétition de théâtre. Le théâtre, ça marche, avec mes parents. C'est tellement loin de leur milieu, de leur expérience, ça les impressionne tant que ça peut me servir d'excuse. Mais le problème, ce n'est pas mes parents – surtout depuis que mes notes ont commencé à remonter et que je semble plus mûr. Le problème, c'est ma sœur. On a perdu quelque chose, tous les deux. Notre proximité. Notre sensation de former un duo. Elle ne me fait jamais de reproches, Anna. Mais elle me lance des regards empreints d'une tristesse que je ne lui connaissais pas. J'ai plusieurs fois essayé de lui parler, mais elle hausse les épaules, elle prétend que non, il n'y a pas de souci. Hier soir, ce n'est qu'après plusieurs minutes que je me suis rendu compte que ma mère préparait un gâteau, et que ce gâteau, il était pour l'anniversaire d'Anna. Que j'avais complètement oublié. Je me suis senti très mal. J'ai envisagé plusieurs scénarios – griffonner un poème à la va-vite, emballer un des livres que m'avait prêtés Julie et l'offrir à Anna, ressortir et courir vite vers le centre-ville pour acheter un cadeau juste avant la fermeture des magasins, mais avec quel argent ? J'ai opté pour la sincérité. Je lui ai fait

2 **un château d'eau** Wasserturm – 6 **entre deux feux** in der Klemme – 12 **maugréer** vor sich hin schimpfen – 18 **mûr** reif – 20 **la proximité** Nähe – 22 **empreint de** plein de – 29 **emballer qc** *ici :* mettre qc dans un papier cadeau – 29 **prêter** leihen – 32 **opter pour** qc choisir qc

signe de me retrouver dans sa chambre. Elle s'est levée sans dire un mot.

– Bon anniversaire, Anna. Je suis vraiment désolé. J'ai oublié.

– Je sais. Tu me l'as pas souhaité ce matin. Et t'es pas venu me chercher à l'école tout à l'heure.

– J'avais répétition, Anna.

– Tu peux leur mentir à eux, mais pas à moi.

– D'accord. J'étais avec Julie.

– T'es toujours avec Julie !

– Tu es jalouse ? Je croyais que tu trouvais bizarre que je n'aie pas de copine !

– Avoir une copine, ça veut pas dire oublier sa sœur. Tu pourrais l'inviter.

– Je ne peux pas la faire venir ici, Anna. C'est trop…

– Moche ?

– Ce n'est pas ça, mais le quartier, il est… Enfin, tu vois.

– Mais moi, je pourrais venir avec toi.

– Je vais y réfléchir, Anna.

– Ce serait mon cadeau. Un secret entre nous. Il n'y a que moi qui la connaîtrais.

– Tu veux voir une photo ?

– Je l'ai déjà vue.

– Hein ? Comment ça ?

– Sur ton portable.

– Mais c'est privé, ça, Anna !

– Alors t'as qu'à enregistrer un mot de passe. S'il n'y en a pas, tout le monde peut se servir.

– Tu grandis trop vite, toi. Et alors, tu l'as trouvée comment ?

– Sophistiquée.

– Sophistiquée ?

– J'aime bien ce mot-là. Je l'ai cherché dans le dictionnaire.

– Ça veut dire que tu l'aimes bien aussi, Julie ?

30 **sophistiqué** *ici :* raffiné, élégant

– C'est pas parce que je l'ai vue en photo que je la connais. On verra quand on se rencontrera. Elle a des frères et sœurs ?

– Non. Mais elle a un meilleur ami qui s'appelle Heathcliff.

– Drôle de nom.

– Pour un drôle de garçon.

– C'est ton ami à toi ?

– Je crois, oui.

– Comme Dylan ?

– Je ne vois plus Dylan.

– Il était devant l'immeuble tout à l'heure. Peut-être qu'il pense que tu l'as abandonné aussi.

Voilà. C'est à cette conversation de la veille avec ma sœur que je pensais après avoir lu le SMS. J'ai expliqué à Julie que j'avais un problème. Un ami de Saint-Ex voulait me voir. Elle n'a rien répliqué. Elle n'a même pas bougé d'un iota. Je la connais assez maintenant pour savoir que c'est sa façon de marquer son désaccord. C'est difficile de lutter contre quelqu'un qui ne montre rien. Qui reste là, imperturbable. On a l'impression qu'on va l'entailler, l'émouvoir, la bouger mais on s'y casse les dents – et nos résolutions aussi.

J'ai ajouté d'une voix plus faible que j'irai le retrouver vers 17 heures, et que je reviendrai après. Elle a laissé passer quelques secondes et puis elle a répondu que non, après, ce n'était pas la peine, parce qu'elle serait chez Heathcliff. Elle y resterait sûrement dormir.

J'ai imaginé la soirée. La conversation entre eux, allongés sur le tapis de la chambre d'Heathcliff. Le pétard fumé tranquillement. La musique douce. Deux coupes de champagne, peut-être – il y a toujours du champagne chez les parents d'Heathcliff. À nouveau, la pointe de jalousie. Je n'ai jamais pu intégrer totalement qu'Heathcliff était gay. Et rien,

15 **ne pas bouger d'un iota** ne pas bouger du tout – 19 **entailler qn** *ici :* blesser qn – 19 **émouvoir qn** → une émotion – 20 **une résolution** une décision – 27 **un pétard** *ici : fam* un joint – 31 **intégrer** *ici :* accepter

par ailleurs, ne me l'a prouvé. Disons que je ne l'ai jamais surpris draguant un mec.

– Je ne savais pas qu'il t'avait invitée ?

– Je n'ai pas besoin d'être invitée.

– Et moi ?

– Toi, si.

– Tu n'as pas le droit de me faire ça. De m'empêcher de voir Dylan.

– Dylan, il s'appelle.

– Oui.

– Je vois le genre.

– Tu ne vois rien du tout.

– OK. Va voir Dylan. Tu peux y aller tout de suite, d'ailleurs. Je n'ai pas fini la dissert de français. Il faut que je travaille.

– Julie…

– À demain, au lycée.

Elle m'a raccompagné jusqu'à la porte. M'a adressé un sourire sec. Et la porte s'est refermée.

Je me suis dit que pour le cadeau d'anniversaire de ma sœur, c'était loin d'être gagné. En rentrant, je suis passé par une librairie, près de Clemenceau. J'ai acheté un livre de contes pas cher. Julie ne mérite pas de rencontrer Anna.

Le pire, c'est que, quand je suis allé retrouver Dylan au château d'eau, à 17 heures, il n'y avait personne. J'ai attendu. Il n'est jamais venu.

J'ai repensé à un proverbe que j'avais vu dans un livre, chez Julie, il y a quelques semaines.

Qui a deux maisons perd sa raison.

Qui a deux amours perd son âme.

Je n'ai pas deux amours – mon âme est intacte.

C'est ce que je me répétais en revenant chez moi, une heure plus tard.

Mon âme est intacte.

Du bronze. Je dois être du bronze.

14 **une dissert** [disɛʀt] *abrév de* **dissertation** un commentaire – 28 **la raison** *ici :* Vernunft

SCÈNE III

23 MARS

TOUT APPROCHE.

Les jours se sont enchaînés si rapidement depuis octobre que je ne m'en suis pas aperçu. Le bac français et les épreuves annexes – travaux personnels encadrés, enseignement scientifique – ont lieu dans moins de deux mois et demi. Le spectacle est dans huit semaines. Mes résultats du deuxième trimestre, portés par les progrès en lettres et, curieusement, en langues vivantes, devraient me valoir des encouragements. J'ai rencontré le proviseur la semaine dernière dans les couloirs et il m'a lancé : « Ah oui… Silber… Finalement, Clemenceau vous réussit… Comme quoi, le changement d'environnement peut être profitable. »

Qu'est-ce qu'il croyait aussi ? Que l'échec et la délinquance, c'était dans les gènes ?

J'essaie de retenir le début de la pièce. C'est le plus long des monologues. J'ai du mal avec les monologues. Quand quelqu'un est là pour me donner la réplique, quand les gestes se mêlent aux paroles, il n'y a aucun problème. Je bous à l'intérieur – j'ai même envie de couper la parole à l'autre pour faire valoir mon point de vue. Je parviens bien à rendre le dilemme de Tom – son envie de fuir sa famille de tarés et son désir de rester là pour protéger sa petite sœur. Je sens parfois dans mes mains le feu qui le ronge – partir, partir, quitter tout, se réinventer loin, dans un environnement qui ne connaît rien de son passé. Mais quand je dois parler seul, les phrases se mélangent, l'intonation est monocorde, je n'arrive pas à placer mon souffle. Pourtant, nous avons fait des dizaines d'exercices, avec la Fernandez. Respirer, souffler. « Sentir monter le calme en soi. Un lac au petit matin. La brume qui se lève. C'est ce

6 **encadré** *ici :* betreut – 31 **un lac** See – 31 **la brume** Nebel

que vous devez devenir. Vous allez prendre le canoë qui vous attend, là, arrimé au ponton et vous allez traverser le lac. Ce sera un vrai moment de communion entre le reste du monde et vous. Le lac, c'est la pièce. Vous allez glisser dessus et l'on remarquera à peine la trace de vos pagaies – elles plongeront avec discrétion. Les pagaies, ce sont les techniques que vous utilisez, votre mémoire, vos émotions, votre souffle. »

Parfois, ça frise l'ésotérisme, les cours de la Fernandez. Elle se transforme en grande prêtresse et nous autres, ses disciples, buvons ses paroles. Alors, au bout d'un moment, je ne peux pas m'empêcher de lâcher une blague qui ramène tout le monde au sol bruyamment. Elle ne m'en veut pas, la Fernandez. C'est mon rôle. Le sceptique.

« La pièce est purement sentimentale. Elle est faite d'évocations… de souvenirs. C'est ce qui explique le violon en coulisses et la lumière diffuse qui la baigne.

Je ne suis pas seulement le récitant. Je tiens également un rôle dans la pièce. »*

Il me trouble, ce monologue d'entrée. Parce que, lorsque les mots sortent, c'est comme si des miroirs se dépliaient en face de moi et qu'ils me renvoyaient mon image, à l'infini. Je suis narrateur et acteur de ma vie. Je joue le rôle d'un homme coincé entre deux existences. Quand j'arrive à vraiment incarner Tom, par moments, je ne sais plus si c'est lui qui parle, ou moi.

« Les autres personnages sont Amanda, ma mère ; Laura, ma sœur et un « Monsieur en visite » qui fait son apparition dans les scènes finales. C'est le personnage le plus réaliste de la pièce, étant l'émissaire d'un univers de réalité duquel nous avons, en quelque sorte, été coupés. » Est-ce que je suis coupé de ma réalité ? Est-ce que j'évolue dans un univers décalé ?

* Tous les extraits de la pièce sont tirés de *La Ménagerie de verre*, Tennessee Williams, traduction-adaptation de Marcel Duhamel, Robert Laffont, 1958.

2 **arrimé** attaché – 5 **une pagaie** Paddel – 8 **ça frise…** ça s'approche de… – 9 **une prêtresse** Priesterin – 17 **un récitant** Erzähler – 20 **se déplier** sich entfalten – 23 **coincé** eingeklemmt – 31 **décalé** *ici :* parallèle

Hier, la Fernandez s'est emportée contre moi. Nous répétions la scène IV de l'acte I, une des rares scènes où Tom et sa sœur ne sont que tous les deux. Il est parti au cinéma après une énième querelle avec sa mère, et là, il revient au milieu de la nuit. Elle ne dort pas. Il lui raconte le spectacle. Lui cache qu'il est allé boire pour oublier. Lui offre un cadeau, prétendument donné par un prestidigitateur de passage. *« Il m'a fait cadeau de son foulard magique. Je te le donne, Laura. Tu l'agites au-dessus d'une cage à serins et la cage devient poissons rouges. »*

Cette scène m'émeut. J'étais totalement dedans quand la Fernandez s'est mise à hurler.

– C'est nul, c'est complètement nul, nul, nul, nul. Vous vous rendez compte de ce que vous êtes en train de faire, Silber ? Vous me transformez cette scène de tendresse avinée en moment de drague graveleux. C'est atroce. On est proche de l'inceste, là. C'est votre sœur, Silber. Ce n'est pas votre petite amie. Je suis désolée. Je n'ai pas à me mêler de vos histoires privées, mais là, on touche au professionnel. Vous devez absolument mettre entre parenthèses les liens qui vous unissent et jouez, nom de Dieu, jouez… Elle ne s'appelle pas Julie, elle s'appelle Laura et vous n'avez pas envie de lui sauter dessus, sinon, c'est dégoûtant. C'est votre sœur, nom de Dieu !

Elle crie souvent, la Fernandez – mais je crois que c'était la première fois que je la voyais aussi en colère. J'en ai rougi jusqu'à la racine des cheveux, ce qui ne m'était pas arrivé depuis des semaines. Elle n'en avait pas qu'après moi. Julie en a pris pour son grade également. Elle, c'était le contraire. Elle était trop froide, trop distante. Tom est son frère, la personne qu'elle aime le plus au monde avec sa mère, ce n'est pas un prétendant qu'on a envie de jeter.

1 **s'emporter** s'énerver – 4 **énième** x-te – 4 **une querelle** une dispute – 6 **prétendument** angeblich – 7 **un prestidigitateur** un magicien – 8 **un foulard** Schal – 8 **agiter qc** bouger qc – 9 **un serin** Kanarienvogel – 14 **aviné** betrunken – 15 **graveleux** obscène – 15 **atroce** horrible – 26 **en prendre pour son grade** *expr fam* eins aufs Dach bekommen – 30 **un prétendant** *ici :* qn qui veut séduire la personne qu'il aime

Tous les mots qu'elle lançait étaient des flèches. Ils sont restés fichés en moi longtemps après la fin de la répétition.

Dans la salle, Amélie, qui incarne Amanda, la mère, souriait. Elle est persuadée depuis le début que je suis une erreur de casting, et ne se prive pas de le faire savoir. À ses côtés, Heathcliff restait impassible.

Au début, je pensais que nous allions former une troupe – et ça me plaisait, cette notion de groupe soudé, d'alliance. Mais non, il y a trop peu de personnages – et ces personnages se repoussent constamment en tentant de s'attirer. Nous sommes quatre individualités qui ne trouvent aucune cohérence. Ceux qui jouent dans l'autre pièce, celle de Giraudoux, s'entendent beaucoup mieux. Quand ils entrent dans l'auditorium, à 15 h et que nous partons, le changement d'ambiance est évident.

À la fin de la séance, la Fernandez m'a pris à part. Elle voulait que je revienne à l'auditorium un soir de la semaine, pour travailler les monologues. Cours particulier.

C'est demain.

Et ça ne rentre pas.

Pour la première fois, j'anticipe la représentation. Les dizaines de spectateurs – trois à quatre cents selon les estimations. Mes parents dans les premiers rangs. Même mon père se déplacera, paraît-il. Ma sœur. Je sens la sueur qui coule dans mon dos.

Pour la première fois, ce n'est pas un jeu.

8 **soudé** der fest zusammenhält

SCÈNE IV

24 MARS – 18 H 30 AUDITORIUM

– VOUS VOUS SENTEZ COMMENT, Quentin ?

Ce n'est pas la première fois qu'elle m'appelle par mon prénom mais ça me surprend à chaque fois.

– Fatigué.

– De quoi ?

– D'un peu tout, honnêtement. Je ne m'en rendais pas compte, mais ça s'accumule, les révisions, l'apprentissage de la pièce, la vie dans le lycée.

– Vous y faites votre trou, hein ?

– D'une certaine façon. J'espère que ce ne sera pas une tombe.

– Vous vous sentez à l'aise, avec eux ?

– Eux, qui ?

– Les autres. Ceux qui ne viennent pas du même milieu que vous. La haute société, comme vous dites.

Je suis sur le point de répondre, mais je me ravise. Je hausse les épaules.

– Je n'en sais rien. Tout se passe bien. J'ai des tas de nouveaux numéros de téléphone, d'adresses mail, d'invitations.

– Mais ?

– Non, pas de mais. Ça n'a rien à voir avec eux. Seulement, j'ai l'impression d'abandonner mon ancienne vie.

– C'est le cas ?

– Un peu.

– Tom, dans la pièce, il le fait. Il franchit le pas. Il se lance dans une nouvelle existence.

– Et il le regrette toute sa vie. C'est ça, le sens de la pièce, non ? Tous ces monologues, toutes ces tirades nostalgiques, il se sent coupable, il se dit qu'il n'aurait pas dû.

11 **faire son trou** *expr* sich sein Plätzchen schaffen (→ un trou) – 13 **une tombe** Grab – 18 **se raviser** changer d'avis – 27 **franchir le pas** den Sprung wagen

– Parfois, il n'y a pas d'autre issue. On est obligé de couper les ponts. Je l'ai fait, moi.

D'un seul coup, l'atmosphère change dans la pièce. C'est comme si une lumière tamisée artificielle venait de remplacer le soleil. Sur un écran géant intérieur, je vois s'afficher le titre « Confidences ».

Sauf que la Fernandez ne raconte rien et que c'est à moi de lui tirer les vers du nez.

– Alors vous ne l'avez pas choisie au hasard, *La Ménagerie de verre* ?

– Vous êtes assez grand pour comprendre que quand on choisit, ce n'est pas au hasard. Il y a une opposition entre les termes.

– C'est un oxymore.

– Pas totalement, mais c'est bien essayé.

– Vous étiez comment, jeune ?

– Merci pour le « jeune ».

– Non, désolé, je…

– J'habitais à la campagne. Dans un bled loin de tout. Mes parents étaient agriculteurs, tout petits propriétaires. Ils le sont encore d'ailleurs, mais ils ont laissé l'exploitation à mon frère, qui y perd sa santé.

– Aîné ou cadet ?

– Cadet.

– C'est votre Laura, alors.

– Si vous voulez. Je bouillais de parcourir le monde. De passer de pays en pays, d'histoire d'amour en histoire d'amour. J'avais dix mille rêves. Mais pour cela, il fallait s'extraire de la gangue familiale. Ils n'avaient pas de projet pour moi. Ils n'avaient guère envie que je fasse des études – encore moins de la littérature, ça sert à quoi, la littérature, ça n'a jamais rendu

1 **une issue** *ici :* une solution – 4 **tamisé** gedämpft – 6 **une confidence** vertrauliche Mitteilung – 8 **tirer les vers du nez à qn** *expr fig* faire parler qn – 13 **un terme** un mot – 19 **un bled** [blɛd] fam un village – 20 **un propriétaire** Besitzer – 21 **une exploitation** *ici :* Betrieb – 26 **bouillir de faire qc** heiß darauf sein etw zu tun – 28 **s'extraire de** sortir de – 29 **la gangue** *ici : fig* qc qui empêche le talent de se développer –

quelqu'un riche, c'est de… comment disaient-ils déjà, de la « branlette intellectuelle ».

– Classe !

– N'est-ce pas ? C'est un bon aperçu de mon environnement familial. Les profs ne m'ont pas tellement aidée non plus. Ils trouvaient que j'avais des résultats intéressants mais ils n'auraient pas été jusqu'à me consacrer du temps pour m'aider à y voir plus clair dans mes envies et mes désirs d'avenir.

– Vous avez trouvé votre chemin seule.

– Oui. Mais c'était douloureux et je ne le souhaite à personne.

– Vous avez des regrets ?

– Des regrets, on en a toujours, à la pelle. Mais je n'en ai aucun qui m'empêche de vivre. J'ai beaucoup arpenté la planète, j'ai croisé des gens passionnants, j'ai beaucoup lu, beaucoup aimé, beaucoup appris, je suis très contente de mon parcours.

– Vous avez des enfants ?

– Je n'ai pas pu en avoir.

Je hoche la tête. Les pièces du puzzle se mettent en place – mais la Fernandez ne leur laisse pas le temps de s'assembler. Elle émet un rire sarcastique et elle ajoute :

– Ne vous inquiétez pas, Silber, je ne vous prends pas pour un fils de rechange. Je suis très claire là-dessus.

– Mais vous me demandez de reprendre le rôle principal de la pièce que vous mettez en scène.

– Je mets en évidence un talent. Enfin, si tant est que vous vouliez travailler proprement. On reprend le premier monologue.

Cinq fois, dix fois, vingt fois.

Il y a toujours quelque chose qui cloche. Des mots sur lesquels je bute. Des liaisons non respectées. Des gestes

2 **la branlette** *fam* Wichsen – 13 **à la pelle** haufenweise (**une pelle** Schaufel) – 14 **arpenter un lieu** einen Ort bereisen – 31 **clocher** ne pas aller – 32 **buter sur qc** über etw stolpern

inutiles. Un ton qui ne sied pas. Le ton, surtout, c'est ça le problème. Je n'ai pas le ton.

– Sans le ton, vous n'êtes rien, Silber. Vous êtes Tom. Tom est au bout du rouleau. La mort est proche. Ses souvenirs reviennent encore le hanter. Hantez le texte, Silber. Soyez l'ombre de vous-même. Vous avez ce talent-là, j'en suis sûre.

Et d'un seul coup, venue de nulle part, la colère. L'explosion.

– Le talent, le talent, vous n'avez que ce mot-là à la bouche, mais vous le voyez où, le talent ? Vous vous êtes plantée, c'est tout, je suis une merde, je peux pas jouer cette connerie de pièce, je…

– Ça y est, vous avez fini vos jérémiades ?

– Non, j'ai pas fini. J'en ai marre de passer mes soirées à recracher un texte, je n'en peux plus, je laisse tomber !

– Ne soyez pas stupide, Silber.

– De toute façon, qu'est-ce que ça m'apporte, votre théâtre ? Ça va me donner un métier plus tard ? Ça va me servir à bouffer ? Vous ne pensez tout de même pas sérieusement que je vais devenir acteur, non ? Que quelqu'un dans cette petite troupe de rien deviendra acteur ? Tout ce qu'on fera, plus tard, c'est regarder des photos de la représentation et dire à nos enfants « Oui, je suis déjà monté sur les planches » et ils se foutront de notre gueule, parce qu'on a l'air ridicules.

– Les autres ne feront jamais carrière. Vous, peut-être.

– Mais n'importe quoi, hein ! Vous m'écoutez quand je parle ? Vous croyez quoi ? Que je vais passer mon temps à me faire jeter à des auditions ou des concours ? Et puis, où ? Hein, où ? Pas ici, pas dans cette ville pourrie, il faudrait que j'aille à Paris, et alors, où je vais dormir, comment je vais me loger, me nourrir ? Et surtout, pour quoi faire ? Du théâtre pour quoi

1 **seoir (il sied)** *litt* aller, convenir – 4 **être au bout du rouleau** völlig am Ende sein – 5 **°hanter** spuken ; verfolgen, beherrschen – 6 **une ombre** Schatten – 9 **se planter** *fam* se tromper, faire une erreur – 14 **recracher** ausspucken, *ici :* herunterspulen – 18 **bouffer** *fam* manger – 22 **monter sur les planches** *fpl* monter sur scène (**une planche** Brett) – 23 **se foutre de la gueule de qn** *fam* se moquer de qn – 27 **une audition** *ici :* Vorsprechen

faire ? Crever la dalle en tournant des pubs pour du liquide vaisselle ? Bouffer des nouilles pendant des mois ? Ne jamais savoir de quoi demain sera fait ? Séduire ? Tout le temps, séduire, supplier, prenez-moi, prenez-moi, je vous en prie.

Elle reste impassible, la Fernandez. Elle me laisse m'épuiser. Je continue à hurler – et je ne reconnais plus ma voix. Elle est presque cassée. Pour un peu, on croirait que je vais pleurer.

Brusquement, elle élève la voix, elle aussi – elle couvre la mienne. Je m'arrête au beau milieu de ma phrase.

– Ça suffit vos conneries, maintenant, Silber. Moi aussi, je peux gueuler. De toute façon, vous voulez faire quoi, après le bac ?

Le gouffre.

C'est la question qui me taraude depuis des semaines – et que je n'ose même pas me poser à voix haute.

Pourquoi est-ce que je continue le théâtre ? Et les études ?

Quel est mon avenir ? De quoi ai-je envie ?

Je m'affaisse sur le fauteuil. Je feuillette la pièce de Tennessee Williams. Je ne sais pas si ça se fait encore, de se faire enrôler comme mousse dans la marine marchande. Non. Impossible. Je ne supporterais pas l'autorité, les petits chefs. Je murmure :

– Je voudrais être indépendant.

La Fernandez sourit – son fameux sourire en coin, mais cette fois, il est moins ironique que tendre. Elle dit :

– Eh bien, c'est déjà un début. Bon, maintenant, nous ne sommes pas là pour discuter du passé et de l'avenir, Silber. Nous sommes là parce que les monologues coincent. Mais est-ce qu'ils coincent encore, d'ailleurs ? Pas si sûr. Essayez voir, celui de la fin, maintenant ? Vous savez, celui qui commence par : *« Je ne suis pas allé dans la lune, je suis allé beaucoup plus loin. »*

Et là, il sort, le monologue.

1 **crever la dalle** *fam* avoir faim – 1 **tourner** *ici :* drehen – 1 **une pub** *fam* **une publicité** Werbung – 2 **des nouilles** *fpl fam* des pâtes – 4 **supplier** anflehen – 14 **tarauder** torturer (*ici : fig*) – 19 **se faire enrôler** *ici :* angeworben werden – 20 **un mousse** un marin – 24 **tendre** zärtlich

Fluide.

Avec ce ton désaccordé qui cadre avec le narrateur.

Avec ce découragement qui s'empare de lui, quand il pense au chemin qu'il a parcouru.

À un moment donné, je décolle.

Je dis *« Ou bien c'était un air de musique déjà entendu. Ou un bruit de verre transparent »*, et tout à coup, je ne suis plus là – je suis dans cet appartement délabré, avec ma sœur Laura, ses figurines, ses espoirs brisés –, j'habite ailleurs.

Lorsque je termine, j'ai les mains qui tremblent.

Quand je relève la tête, la Fernandez est immobile sur le canapé. Je vois très nettement la larme qui perle dans son œil droit.

1 **fluide** *ici :* flüssig – 2 **désaccordé** verstimmt – 3 **s'emparer de qn** jdn ergreifen – 5 **décoller** abheben (*ici : fig*) – 8 **délabré** heruntergekommen – 9 **brisé** cassé

SCÈNE V

3 AVRIL

QUAND JE SUIS RENTRÉ TOUT À L'HEURE, il y avait Heathcliff devant l'entrée de l'immeuble. C'était une vision totalement décalée. Ahurissante. Heathcliff n'appartient pas à ce décor. Heathcliff cadre avec des appartements cossus donnant sur des jardins et des parcs, pas avec des cages à lapins ouvrant sur des terrains vagues. J'étais tellement secoué que je l'ai presque engueulé.

– Mais qu'est-ce que tu fous ici ?

– Je viens te voir.

– Ça fait longtemps que tu attends ?

– Je sais pas. Une demi-heure, peut-être.

– Tu es conscient que tu aurais pu te faire démonter la tête ?

Le sourire carnassier d'Heathcliff. Son ironie, à fleur de peau.

– Qu'est-ce que tu crois, Silber ? Que tu habites à Chicago ? Ce n'est jamais qu'un coin de banlieue assez tranquille, ici. J'en ai connu des pires.

– C'est vrai qu'à dix-sept ans, tu as tout vu, tout lu, tout expérimenté, toi.

Le coup porte – et il l'a bien mérité. Il est vraiment gavant avec son côté blasé-rien-n'a-vraiment-d'importance. Il tente de rebondir, mais il a été atteint.

– Non, tu vois, je n'étais jamais venu par ici.

– Normal, il n'y a rien à voir. Bon, tu cherches quoi ?

– On monte ?

– Chez moi ?

6 **cossu** riche – 8 **un terrain vague** unbebautes Gelände – 8 **secoué** erschüttert – 9 **engueuler qn** *fam* jdn beschimpfen – 14 **se faire démonter la tête** *fam* se faire agresser – 16 **carnassier** *ici :* wild – 16 **à fleur de peau** *ici :* außerst reizbar – 23 **porter** *ici :* treffen – 23 **mériter** verdienen – 23 **gavant** *fam* énervant – 25 **rebondir** *ici :* réagir – 25 **atteindre** toucher

– Pourquoi, tu veux aller où ? Au grenier ?

Et il accompagne sa réplique d'un clin d'œil suggestif – puis éclate de rire. Je n'ai pas bougé d'un pouce.

– J'ai… du boulot.

– La belle affaire.

– Je ne comprends pas ce que tu veux, Heathcliff.

– Les scènes entre Jim et Tom ne fonctionnent pas. Il faut qu'on se connaisse mieux.

– Pourquoi est-ce que j'ai toujours l'impression que tu mens ?

– Parce que tu as des préjugés contre moi. Je vais passer une partie de la soirée chez toi – et puis ensuite tu viendras chez moi.

– C'est tordu, comme idée.

– Pas tant que ça. Bon, on ne va pas rester là toute la nuit. Ouvre-moi la porte de ton intimité.

– Heathcliff, juste un truc…

– Tu n'es pas gay. Je le sais.

– Et toi ?

– Je n'en sais rien. Je vais, je viens. Je n'ai pas encore décidé de me mettre une étiquette.

– T'en as une pour moi ?

– De quoi ?

– D'étiquette.

Il réfléchit un moment et puis il répond :

– Non. Tu es plutôt une avalanche d'étiquettes. Zonard. Saint-Ex. Joueur. Roublard. Rusé. Intelligent. Perdu. Casse-couilles. Beau gosse. Mais ça, tu le savais, non, beau gosse ?

– Je ne suis pas sûr de vouloir que tu m'accompagnes chez mes parents.

– Tu as peur ?

– Un peu.

1 **un grenier** Dachboden – 11 **un préjugé** Vorurteil – 14 **tordu** *ici : fam* bizarre – 26 **une avalanche** *ici :* une grande quantité – 26 **un zonard** *fam ici :* un habitant d'une banlieue à problèmes – 27 **roublard** durchtrieben – 27 **casse-couilles** *fam* énervant

– Mais c'est bon, la peur, non ? C'est ce qui fait sentir qu'on est en vie. En fait, t'es qu'un gros réactionnaire plein de préjugés. Allez, passe devant.

Il n'y a personne dans l'appartement. Ma mère rentrera d'ici une heure. Ma sœur, après les activités périscolaires. Mon père encore plus tard.

Dans l'entrée, je m'arrête. Je regarde le couloir, les papiers peints, les meubles, comme si j'entrais dans ce décor pour la première fois. Et ça me donne envie de hurler. Tout est tellement laid, vieux, usé. Le cadre doré avec la photo de mes parents en vacances à Saint-Jean-de-Luz il y a plus de vingt ans. La poupée espagnole que ma sœur a gagnée à une loterie. Le Mont-Saint-Michel en miniature, à côté du téléphone. Je ne les vois plus parce que j'ai grandi avec. Mais avec Heathcliff à mes côtés, tout semble plus tranchant, plus amer.

Lui, il regarde partout. Il radiographie. Je ne peux pas m'empêcher de parler.

– Désolé.

– De quoi ?

– De tout ce que tu vois. Des goûts de chiotte.

– Je ne juge pas.

– Je n'en crois pas un mot.

– Tu devrais, pourtant.

– Le papier peint de ma chambre n'a pas été changé depuis dix ans.

– Et ? Ce sont des planètes et des super-héros ? Non.

C'est un papier peint beige et blanc – assez sobre. Avec une frise bleue, sur laquelle sont dessinés des coquillages, des seaux, des pelles. Heathcliff sourit.

– C'est mignon.

– Arrête, s'il te plaît.

– T'avais envie de voir la mer ?

10 **laid** ≠ beau – 15 **tranchant** *ici :* hart, grell – 15 **amer** bitter – 16 **radiographier** röntgen (*ici : fig*) – 20 **un goût de chiotte** *f arg* un mauvais goût – 27 **sobre** *ici :* neutre – 28 **un coquillage** Muschel – 29 **un seau** Eimer

Je réponds :

– Tu ne peux pas savoir à quel point.

Et je suis moi-même surpris par la tonalité que je donne à la phrase – c'est un murmure, une confidence – comme si je n'avais dit ça à personne. C'est peut-être le cas, d'ailleurs.

Heathcliff pose brièvement sa main sur mon épaule et va s'asseoir sur la chaise de mon bureau – cette chaise pivotante qui ne pivote plus, récupérée, elle aussi, à l'entreprise de mon père.

Heathcliff observe. Les images punaisées au mur, les livres sur l'étagère, les fringues dans l'armoire. Il sourit. Il dit :

– Je suis content de voir ça. Ses épaules s'affaissent. D'un seul coup, il a l'air beaucoup plus vieux. Fatigué.

– Tu veux qu'on répète notre dialogue ?

– Tu es venu ici pour ça, non ?

– Disons que c'était mon prétexte.

– Comme tu veux.

– C'est une joute, cette scène. C'est un combat. Un combat entre deux amis.

– J'ai remarqué, oui. Sauf que Tom ne se sent pas concerné. Tom n'est pas dans le duel. Il est dans la fuite.

– Tu es dans la fuite aussi. Je n'arrive jamais à te parler.

– Je ne suis pas à l'aise avec toi, Heathcliff. Je passe mon temps à penser que tu vas me planter un couteau dans le dos.

– Tu ne devrais pas. Rappelle-toi que c'est moi qui ai parlé de toi à la Fernandez.

– Je ne comprends toujours pas pourquoi.

– Parce que j'étais sûr que je ne tomberais pas amoureux de toi.

Je manque de tomber de la chaise sur laquelle je me suis assis. Au moins, cela fait sourire Heathcliff.

– Je te désarçonne, hein ?

– Tu m'étonnes ! Je capte rien.

7 **pivoter** tourner – 10 **punaiser** → **une punaise** Reißnagel – 12 **s'affaisser** sinken – 16 **un prétexte** Vorwand – 18 **une joute** Gefecht – 32 **désarçonner qn** jdn aus der Fassung bringen – 33 **capter** *fam* comprendre

– C'est très simple, en fait. Et totalement stupide. Sacha, tu sais, celui que tu remplaces, eh bien, il n'est pas parti pour tourner un film ou pour entrer dans une troupe professionnelle. Enfin, bien sûr, il rêve de ça, mais comme tout le monde, de loin. Aucun d'entre nous ne songe sérieusement à devenir acteur, n'est-ce pas ?

Je ne réponds rien. Je me contente de hausser les épaules, ce qui peut signifier tout et son contraire.

Mais de toute façon, Heathcliff ne s'intéresse pas à ma réaction. Il est dans le monologue. J'étudie sa pose, sa diction, ses hésitations, c'est magnifique. C'est d'autant plus bouleversant qu'à aucun moment je n'ai l'impression qu'il joue. C'est comme ça qu'il faut que j'aborde mes tirades solitaires – avec cet abandon-là. Avec cet accent légèrement traînant. Je l'observe en l'écoutant – je me dédouble. C'est extrêmement délicat. D'autant que Heathcliff se livre. Et que je devrais être plus attentif.

– Il est parti à cause de moi. Enfin, c'est plus compliqué que ça. Nous étions ensemble depuis assez longtemps. C'était mon alter ego, tu comprends. Mon point cardinal. Nous avions déteint l'un sur l'autre. *La Ménagerie de verre*, Mme Fernandez nous en parle depuis juin – c'est une pièce à laquelle elle tient beaucoup apparemment. Alors, nous l'avons bossée pendant les vacances, Sacha et moi. Nous avons essayé les deux rôles, Jim et Tom – les deux versants de la même montagne. Je lui ai laissé le rôle principal, de toute façon, il ne me va pas. Je ne me reconnais pas dans ce type qui veut tout plaquer et laisser les autres derrière lui. Sacha s'y retrouvait davantage. J'aurais dû me méfier. Nous nous supportions de moins en moins. J'imagine que nous avions tous les deux envie de mettre du piment. Il est sorti avec un autre garçon. Le problème, c'est que

5 **songer** penser – 12 **bouleversant** erschütternd – 14 **l'abandon** *m ici :* le fait d'oublier qui on est (pour « entrer » dans le personnage) – 16 **se livrer** sich offenbaren – 20 **un point cardinal** Himmelsrichtung (*ici : fig*) – 21 **déteindre l'un sur l'autre** s'influencer l'un l'autre et finir par se ressembler – 25 **un versant** une face – 27 **tout plaquer** *fam* tout abandonner – 28 **davantage** plus – 29 **se méfier** *ici :* faire attention – 29 **supporter** ausstehen

c'est devenu sérieux, et alors au revoir Heathcliff. Et le reste. Il a changé de lycée. Il a abandonné l'option.

Il se tait un instant. Par la fenêtre ouverte, j'entends les voix des gamins du quartier. Un scooter qui passe en pétaradant. Heathcliff, dans ma chambre – c'est comme de la science-fiction. Je brise doucement le silence.

– Ça n'explique toujours pas pourquoi tu as jeté ton dévolu sur moi.

– Tu corresponds bien au rôle, non ? Avec ton côté Saint-Ex, j'habite dans la zone, je ne vais pas croupir ici. Et puis, tu es plutôt beau mec, mais tu ne m'attires pas. Trop hétéro. Trop sûr de toi.

– Sûr de moi ?

– En tout cas, c'est l'image que tu projettes, mon coco. Je suis différent, je me mets à part, je n'appartiens pas à votre clique, je suis au-dessus de tout ça – et je réponds aux profs quand ils me cherchent.

– Ce n'est arrivé qu'une fois.

– C'était suffisant. À ce moment-là, je me suis dit qu'avec ta mémoire d'éléphant et ta morgue, tu pouvais très bien interpréter Tom.

– Ma morgue ?

– Parfaitement.

– Merde alors !

– Au moins tu sais que tu ne risques rien avec moi.

– À moins que ce ne soit qu'un tissu de mensonges dont j'aurais du mal à me dépêtrer.

– Fais-moi confiance. Bon, tu ne veux pas qu'on bouge un peu ? Qu'on aille répéter chez moi ?

– J'attends que ma sœur rentre de l'école.

– Ah oui, Laura.

– Elle ne s'appelle pas Laura. Elle s'appelle Anna. Tiens, tu entends la clé dans la serrure ? C'est elle.

4 **pétarader** knattern – 7 **jeter son dévolu sur qn** jdn auserwählen – 10 **croupir** *ici :* versauern – 20 **la morgue** *ici : litt* l'arrogance – 27 **se dépêtrer** se défaire, se libérer

Elle est là, devant nous, tout à coup. Comme un point d'interrogation. Elle attend que je fasse les présentations. Quand je lance le prénom d'Heathcliff, elle hoche la tête et dit qu'elle m'a déjà entendu prononcer ce prénom-là, au téléphone. C'est un prénom qu'on oublie rarement.

– C'est le héros d'un roman que ma mère adorait, *Les Hauts de Hurlevent*. Une histoire d'amour malheureux. Un type violent et passionné qui habitait au Nord de l'Angleterre, dans la campagne, et qui passait sa vie dans les champs. Je ne sais pas exactement, je ne l'ai jamais lu.

– C'est bizarre, non ? intervient ma sœur.

– Qu'est-ce qui est bizarre ?

– De jamais avoir lu le livre.

– Avant, j'étais trop jeune. Et maintenant, j'ai des rapports compliqués avec ma mère. Et mon père.

– C'est triste.

– N'est-ce pas ?

– Quentin aussi, il a des rapports compliqués avec nos parents.

– C'est sans doute pour ça qu'on est copains.

Anna sourit. Quand elle sourit, elle rayonne.

Nous continuons comme ça, tous les trois. Nous lui faisons faire ses devoirs. Quand ma mère rentre, un peu plus tard, elle nous trouve en train de jouer aux cartes et elle a un coup au cœur. Elle demande à Heathcliff s'il veut rester dîner – et il accepte. Encore plus tard, mon père est tellement surpris qu'il en lâche sa zappette. Et quand Heathcliff demande si je peux aller dormir chez lui, pour réviser la pièce et parce que ses parents sont en voyage, ils acceptent sans problème. Ma mère me rappelle seulement que demain c'est samedi et que je dois être rentré en fin de matinée – j'ai promis à Anna qu'on irait à la piscine, l'après-midi.

6 **Les Hauts de Hurlevent** *roman d'Emily Brontë de 1847* (*angl* Wuthering Heights, *all* Sturmhöhe) – 21 **rayonner** strahlen – 24 **avoir un coup au cœur** avoir une grande émotion

Je regarde le dos d'Heathcliff tandis que nous descendons les escaliers. Parfois, dans l'amas et la complexité des relations humaines, se dégage quelque chose de simple et d'évident – une amitié. Improbable. Sidérante. Heathcliff est entré dans ma vie. Il n'en sortira pas de sitôt.

Rideau. la fin de l'acte II

2 **un amas** Haufen – 4 **sidérant** très surprenant

ACTE III

SCÈNE I

28 MAI

JE RELIS LES DERNIÈRES LIGNES. Je regarde par la fenêtre de ma chambre.

Vers le terrain de jeux, là-bas, je reconnais deux ou trois silhouettes. Je pourrais descendre, entamer la conversation. Je ne le fais pas. Je reste là, dans l'appartement. Et je bous, à l'intérieur.

J'ai écrit cette phrase-là : « Il n'en sortira pas de sitôt. » Je n'en reviens pas. Comment ai-je pu être aussi con ? Comment ai-je pu être aussi naïf ? Il faut croire que, parfois, quand on est ballotté d'un milieu à un autre et qu'on se sent seul, on pourrait croire au Père Noël.

Le Père Noël m'a apporté un baiser. Et m'a fermé la porte au nez. Non. Je me suis fermé la porte au nez tout seul.

Au moins, j'emmagasine les expériences.

Une semaine.

C'est ce que ça a duré, mon amitié éternelle avec Heathcliff. Ceci dit, c'était une belle semaine. Ses parents semblent perpétuellement en déplacement, son père est à la tête d'un grand groupe pharmaceutique et sa mère donne des conférences à gauche et à droite sur les livres qu'elle a écrits et que je n'ai jamais lus – des traités savants sur l'Antiquité, la place des femmes au Moyen Âge, des sujets de ce genre-là. Quand il était plus petit, Heathcliff a eu des gouvernantes, comme les jeunes filles anglaises du XVIIIe siècle. En fait, des jeunes filles au pair, souvent débordées par tout ce que les parents d'Heathcliff leur demandaient de faire et qui n'était pas stipulé dans le contrat. Elles claquaient généralement la

10 **con** *fam* stupide – 12 **ballotter** transporter – 16 **emmagasiner** collectionner – 18 **éternel** qui dure toujours – 20 **perpétuellement** tout le temps – 23 **un traité** *ici :* Abhandlung – 23 **savant** scientifique – 27 **débordé** überlastet – 29 **stipuler** *ici :* écrire – 29 **claquer la porte** *ici : fam* partir

porte au bout de quelques mois. Il se souvient d'une Islandaise, d'une Néerlandaise. De deux Anglaises. Et d'un Allemand, aussi. Dieter. Heathcliff avait quatorze ans. C'est à ce moment-là qu'il a découvert que son orientation sexuelle le porterait aussi vers les garçons. Les parents d'Heathcliff ont failli porter plainte – mais Heathcliff ne voulait pas. Il savait très bien que la victime, ce n'était pas lui.

Depuis, Heathcliff se débrouille seul. Il commande le soir aux restaurants. Il a une carte bleue illimitée – mais curieusement il est assez raisonnable. L'argent ne signifie rien pour lui. Le problème d'Heathcliff, c'est le manque de sommeil – et la dépendance. La dépendance est liée au manque de sommeil. Le manque de sommeil, à la solitude. Il a commencé à prendre des drogues diverses et variées dans l'espoir de retrouver les bras de Morphée. Il est devenu accro aux somnifères et aux psychotropes – et à d'autres cachets qui te permettent de tenir le choc, la journée. C'est de là que vient son côté beau ténébreux. Des ténèbres.

Sans ses pilules, il ne dort pas.

Pendant une semaine, nous n'avons presque pas dormi. Nous parlions, nous écoutions de la musique, nous nous abrutissions de télé et de jeux vidéo, nous rejouions sans cesse les mêmes scènes.

C'étaient les vacances de Pâques. J'avais une petite amie, qui était partie en Italie avec ses parents ; un meilleur ami ; le rôle principal de *La Ménagerie de verre* ; des substances illicites. J'étais hors d'atteinte. Je rentrais chez moi – de temps à autre. Je restais pour le repas, j'étais charmant, limite volubile. « Ce Heathcliff, disait ma mère, a une très bonne influence sur toi. »

5 **porter plainte** klagen – 9 **une carte bleue** une carte bancaire – 15 **être dans les bras de Morphée** *fig* dormir – 15 **un somnifère** un médicament qui aide à dormir – 16 **un cachet** *ici :* un médicament – 17 **tenir le choc** durchhalten – 18 **les ténèbres** *fpl* Finsternis – 22 **s'abrutir de qc** von etw stumpfsinnig werden – 26 **une substance illicite** une drogue – 27 °**hors d'atteinte** *f* unerreichbar – 28 **volubile** qui parle beaucoup

Ma sœur était plus circonspecte – elle répétait que je n'étais pas dans mon état normal. Je retraversais la ville vers 22 heures – j'avais expliqué la situation d'Heathcliff, ma mère lui gardait dans un tupperware une part du repas familial – je me moquais ouverte-ment d'elle quand je retrouvais Heathcliff, lui non.

Je me disais que cela ne pourrait pas durer très longtemps. Mes parents me demanderaient des comptes, les cours allaient reprendre, les profs et l'administration m'attendraient au tournant. La Fernandez pareil : je commençais à oublier certaines répliques, des passages entiers parfois. Il n'y avait que les scènes entre Tom et Jim que je connaissais parfaitement – nous les répétions, saouls ou défoncés, sur tous les modes possibles.

La sixième nuit, je me suis affalé sur le lit de la grande chambre d'amis chez Heathcliff. J'étais épuisé. Quand je me suis réveillé, je n'étais pas seul. Heathcliff s'était allongé en face de moi. Il me caressait.

Il m'a embrassé sur les lèvres. Il s'est passé quelques secondes. Très douces. Et puis je l'ai repoussé violemment. Je me suis levé d'un bond. J'ai traversé l'appartement. Il m'a couru après. Nous nous sommes battus. Nous nous sommes insultés. J'ai eu le dessus. J'ai parcouru la ville à pied. Je me suis dit que je pouvais continuer comme ça, pendant des heures, des mois, des années. Marcher. Simplement marcher. Quitter la ville, la région, le pays, le continent. Cela m'aiderait sûrement. À comprendre qui j'étais. À comprendre ce que je désirais. Et ce que je rejetais.

Deux jours après, les cours ont repris. Heathcliff a été absent, au début. J'avais quelques bleus et un œil un peu amoché. J'ai raconté que je m'étais fait agresser, dans mon quartier.

1 **circonspect** [siʀkɔ̃spɛ(kt)] prudent (vorsichtig) – 7 **demander des comptes** *mpl* **à qn** jdn zur Rechenschaft ziehen – 8 **attendre qn au tournant** *expr fam* jdn schon noch kriegen – 12 **saoul** betrunken – 12 **défoncé** bekifft – 17 **caresser** streicheln – 22 **avoir le dessus** gagner – 29 **amoché** zugerichtet

Le frisson que ça leur a donné, à mes camarades de classe… L'irruption de la bagarre, la vraie.

S'ils savaient.

Quand Heathcliff est revenu, il n'était pas différent de ce qu'il était avant les vacances. Il s'est installé à la même place, à côté de Nina. Il ne m'a pas jeté un regard. J'ai compris. C'était une parenthèse. Elle s'était refermée. J'étais soulagé, finalement.

Mais la vengeance d'Heathcliff se mange tiède. Très vite, il a organisé une soirée. Débridée. Fête totale jusqu'à l'aube. Je n'ai pas été invité. Julie s'en est étonnée. Heathcliff n'a rien répondu. Julie m'a demandé s'il s'était passé quelque chose entre nous, pendant son absence. J'ai répondu « Rien de particulier » – je n'avais pas envie de rentrer dans les détails. J'avais honte. Honte de ma propre naïveté. Honte du baiser. Honte des quelques secondes où je l'avais laissé faire. Honte d'avoir cru tout son baratin. Honte d'être complètement paumé. Honte de venir d'où je venais. Honte de regretter les nuits défoncées aussi. Honte de tout.

Les soirées se sont enchaînées. Tout le monde ne parlait que de ça. Cela n'avait jamais été aussi festif. Chez Heathcliff, c'est tellement « décadent ».

Julie et moi, nous nous sommes éloignés. Elle continuait à fréquenter son cercle d'amis, dont j'étais exclu. J'ai su par elle qu'il y avait une sorte d'omerta sur mon nom. On ne me critiquait jamais – mais on ne parlait jamais de moi. Le mercredi après-midi, aux répétitions avec la Fernandez, on me traitait avec professionnalisme et respect, mais sans aucune chaleur.

2 **une irruption** Ausbruch – 7 **une parenthèse** Klammer, *ici :* beendetes und unbedeutendes Zwischenspiel – 8 **la vengeance se mange tiède/…est un plat qui se mange froid** *expr* Rache kommt später noch – 9 **débridé** fou – 9 **l'aube** *f* Tagesanbruch – 16 **un baratin** *fam* Geschwätz – 24 **une omerta sur qc** le fait qu'on ne parle pas/qu'on n'a pas le droit de parler de qc

Nous n'avons répété la scène entre Jim et Tom qu'une seule fois – l'intensité qui s'en est dégagée était tellement forte que tout le monde en est resté coi.

Je me revois en train de lancer : « *Je commence à bouillir là-dedans. Je sais que je dois avoir l'air d'un songe creux, mais à l'intérieur, je bous, tu entends ? Chaque fois que je ficelle une boîte à chaussures, je frémis en songeant à la brièveté de la vie et à ce que je fais.* »

Les mots résonnaient dans l'auditorium.

La Fernandez me fixait.

Heureusement qu'elle est là.

Heureusement que Tom est là.

Julie n'y est plus – depuis une semaine. Elle m'a gentiment expliqué que ce n'était plus possible, mais que cela ne remettait pas en cause tout le bien qu'elle pensait de moi. De plus, nous devions nous concentrer sur la pièce. Nous ne pouvions pas nous payer le luxe de nous disputer. Elle n'avait pas besoin d'avoir peur. J'avais déjà fait une croix sur elle.

Sur elle, sur Clemenceau, sur tout.

Je vais demander ma réintégration à Saint-Ex, pour l'an prochain. Avec mes résultats en hausse, mon bulletin moyen, l'absence de remarques négatives sur mon comportement, et l'aura d'avoir été le rôle principal dans la pièce de Clemenceau, je suis sûr que Thénard acceptera. Il aura raison. Je ne suis plus un danger pour quoi que ce soit. Je suis une loque.

Une loque coincée entre deux quartiers – une loque rejetée par les deux.

3 **coi** sans voix – 5 **un songe** *ici :* un rêve – 5 **creux** hohl, leer – 6 **ficeler** schnüren – 7 **frémir** trembler – 7 **la brièveté** ≠ la longueur – 25 **une loque** *fam* Wrack

SCÈNE II

29 MAI

JE VIENS DE CROISER DYLAN.

Je crois qu'il n'y a que dans ce carnet que j'arriverai à en parler.

Je rentrais de Clemenceau – j'avais passé une journée de merde. Comme toutes les journées jusqu'à la fin de l'année, maintenant. La seule respiration, c'est le mercredi après-midi, les répétitions – et encore. Il était sur l'autre trottoir. Il n'allait pas mieux que moi. Il a beaucoup maigri, ces derniers temps. Je me suis demandé s'il n'était pas devenu accro à l'héroïne ou s'il n'avait pas chopé un virus inguérissable. Il devait penser la même chose de moi. Nous faisions pitié à voir. Nous nous sommes arrêtés, face à face. C'est lui qui a fait le premier pas.

Il était 18 heures. Nous ne pouvions pas rester là, dans le quartier. Je suis monté vérifier que ma mère était avec ma sœur. J'ai bredouillé que je ne faisais que passer, que je revenais dans pas longtemps. Ma mère était contente. Une semaine que je ne décolle pas de l'appartement – elle m'a déjà demandé une dizaine de fois ce qui n'allait pas, mais j'ai botté en touche.

Je ne vois pas comment expliquer tout ça. C'est ce qu'ils ne comprennent pas, les parents. Parfois, il y a un tel écheveau à démêler qu'on préfère se taire.

Ma mère a dû penser que je retournais voir Julie et Heathcliff. Elle n'est au courant de rien. Ça tombe bien. Il n'y a rien à dire.

Nous avons marché jusqu'au terrain vague, près du château d'eau. Un terrain qui n'est plus si vague que ça, d'ailleurs. Depuis quelques semaines, des camions viennent à intervalles réguliers déposer de la terre, des sacs de ciment, des ouvriers. Une grande pancarte vient d'être placée à l'entrée du site.

10 **maigrir** dünner werden – 12 **inguérissable** → guérir – 13 **faire pitié (à voir)** jdm nur leidtun können – 19 **ne pas décoller d'un lieu** *fam* ne pas le quitter – 20 **botter en touche** *expr fam* s'arranger pour ne pas répondre à une question – 22 **démêler l'écheveau de qc** *expr fig* etw entwirren – 30 **une pancarte** Schild

Ici la mairie va construire une résidence. Une vraie. Pas des logements sociaux. Avec des jardinets, des balcons. La mixité, ça s'appelle. C'est là que je vivrai, plus tard. Quand tout sera fini. Que j'aurai trouvé un emploi de vendeur à l'hypermarché du coin. Que j'aurai une veste rouge et un gilet noir avec le logo du magasin dans le dos. Que j'habiterai un studio avec une fille qui s'appellera Samantha ou Shirley. Que le théâtre, Clemenceau, Heathcliff, Julie, la Fernandez, tout ça aura été empilé dans des cartons à souvenirs, chez mes parents.

Quand j'aurai une vie simple.

Et que je me détruirai le foie tous les soirs, histoire de mourir plus vite.

Nous nous sommes assis sur le banc de bois à moitié défoncé qui faisait face au chantier. Le regard de Dylan se perdait dans les ornières que les camions avaient tracées dans la terre.

J'ai pensé à Tom et Jim.

Je me suis demandé si j'allais lui demander de venir à la représentation. C'est dans moins de quinze jours, maintenant. Une semaine avant l'écrit du bac français. Dylan faisait tourner une bague en argent qu'il avait au doigt. Un bijou en toc que je ne lui avais jamais connu. C'est moi qui ai rompu le silence.

– Comment tu vas ?

– Mieux.

– Tu as été malade ?

– D'une certaine façon. Mais c'est passé, maintenant. Je suis beaucoup plus au clair. Et toi ?

– Je suis plus dans l'obscur.

– Ah ? Moi qui croyais que tu montais dans la lumière.

– Disons que j'ai été aveuglé.

– On ne se voit plus beaucoup.

– Plus du tout, même.

– Tu as d'autres priorités.

– Je pourrais te renvoyer le compliment.

1 **une résidence** *ici :* Wohnanlage – 2 **la mixité** *ici :* le fait de mélanger les milieux sociaux – 11 **détruire** zerstören – 11 **le foie** Leber – 13 **défoncé** *ici :* cassé – 15 **une ornière** Spurrille – 20 **une bague** Ring – 20 **en toc** *m fam* ≠ de qualité – 29 **aveugler** blind machen

– On ne va pas se prendre la tête. De toute façon, ça n'a plus aucune importance. Je vais partir.

– Hein ?

– J'ai quitté le bahut.

– Je m'en doutais.

– J'ai eu des emmerdes avec la police, mais ça aussi, c'est réglé. Je m'engage.

– Hein ?

– Arrête de répéter « hein », c'est lourd. Je rentre dans l'armée. J'ai passé le concours, enfin, si on peut appeler ça un concours. De toute façon, si tu n'es ni attardé, ni fiché, ni taré, tu es accepté.

– Mais tu… enfin… tu n'es même pas majeur !

– Si, mon gars. Depuis la semaine dernière.

– Merde, Dylan. J'ai oublié.

– T'inquiète, tu n'es pas le seul. Je ne crois pas que chez moi, on s'en soit rappelé non plus.

Un rire. Un rire qui ressemble davantage à un grincement de porte. L'année dernière, Dylan et moi, on était allés au bowling, pour son anniversaire. On avait un peu fumé avant. C'était génial. Les boules partaient toutes seules et renversaient toutes les quilles. On était des champions.

– Je suis désolé, Dylan.

– Tu te répètes. Tu vois, moi aussi, je change de décor. C'est mieux. J'en ai trop marre d'ici, de l'horizon d'ici. Tout est limité. Je rêve d'espace.

– Tu vas trouver une caserne.

– J'ai demandé l'étranger. L'Afghanistan, la Somalie, je ne sais pas, là où il y a vraiment du combat.

– Oh putain !

– Chacun son destin.

Le vide au creux de ma poitrine.

6 **des emmerdes** *fpl fam* des problèmes – 7 **s'engager** *ici :* sich freiwillig verpflichten – 9 **lourd** *ici : fam* énervant – 11 **attardé** *ici : fam* geistig zurückgeblieben – 11 **fiché** *ici :* von der Polizei als Krimineller registriert – 13 **majeur** qui a plus de 18 ans – 18 **un grincement** Quietschen – 22 **une quille** [kij] Kegel

Quelque part, j'ai toujours cru que Dylan et moi, on allait se retrouver. Qu'une fois nos parenthèses refermées, on reprendrait là où on en était restés. Qu'on continuerait. On partagerait un F2 dans la nouvelle résidence. On aurait des voitures neuves. On roulerait, le soir. On rencontrerait des filles. Le lendemain, on irait ensemble à l'hypermarché.

Non.

Il a raison.

C'est naze.

– Dylan, je ne sais pas quoi dire.

– Alors, dis rien. Tu parles toujours trop, de toute façon. Je t'ai déjà dit, ça, que tu parlais trop ?

– Tout le temps.

– Ah si. Un dernier truc. J'ai lu ta pièce, là. *La Ménagerie de verre*.

– Non ?

– Si. Il fallait bien que je comprenne ce qui te prenait. Ce qui te poussait ailleurs.

– Pourquoi tu ne m'en as pas parlé ?

– Parce que tu ne m'aurais pas écouté. C'est pas un reproche, hein. Chacun sa route. Il y a un moment où c'est important d'être égoïste. Tu vis pour toi, pas pour les autres. La pièce, elle est pas mal. Il a raison de partir quand même.

– Sauf qu'il n'arrive pas à oublier ceux qu'il a laissés derrière.

– C'est un risque à prendre.

– Dylan, je…

– Tais-toi. Regarde le chantier. Imagine les immeubles dans un an. Dans cinq ans. Dans dix ans. Et donne-moi une clope.

Nous sommes restés là, longtemps, à contempler le vide – les rares voitures qui passaient dans le coin, les papiers sur le bitume, le grillage autour du terrain vague, le château d'eau un peu plus loin. Une partie de notre enfance.

4 **un F2** un appartement ayant un salon et une chambre – 9 **naze** *fam* nul – 28 **une clope** *fam* une cigarette – 29 **contempler** regarder – 31 **le bitume** l'asphalte – 31 **un grillage** Drahtzaun

Augen zwinkern

Au moment de nous séparer, il m'a adressé un clin d'œil et il a dit :

– Je ne serai pas là quand tu joueras ta pièce. Je pars la semaine prochaine. Pense à moi quand tu seras sur scène. Tu sais, au moment où Tom explique qu'il veut agir maintenant, ne plus être spectateur. T'as intérêt à réussir leur putain de pari, Quentin. T'as intérêt à devenir quelqu'un.

Il a tourné au coin de la première rue. Il s'est mis à courir. Ça ne servait à rien de le poursuivre.

J'ai pensé aux pilules dans l'appartement d'Heathcliff. J'aurais dû en piquer. Deux boîtes. Trois boîtes. Prises ensemble, ça aurait fait un joli cocktail.

SCÈNE III

30 MAI

ELLE EST ASSISE EN FACE DE MOI. Elle a préparé du thé. Je n'ai jamais vraiment aimé ça – à part le thé à la menthe de chez Karim. Le thé fume dans les tasses. Dehors, tout est calme. C'est ce qui me frappe le plus. Le calme. Et les livres, partout.

– C'est tranquille, ici.

– C'est pour ça que j'ai choisi cette maison.

– Vous avez beaucoup de livres.

– Pratiquement que des romans et des pièces de théâtre.

– En fait, je me suis toujours demandé comment c'était, chez les profs.

Elle sourit.

– Très différent selon les profs. Nous sommes aussi dissemblables que les élèves entre eux. Mais vous savez qu'en vous laissant entrer, j'ai violé au moins quinze mille règles.

– C'est interdit de recevoir des élèves ?

– Pas formellement, non. Mais il vaut mieux qu'ils soient plusieurs. Parce que là, Silber, il n'y a que vous et moi, et vous pourriez m'accuser de harcèlement.

– Sexuel ?

– Ou moral.

– Mais c'est moi qui vous ai téléphoné !

– Alors on dira que j'ai encouragé le sentiment qui se développait en vous.

Le sentiment qui se développe en moi.

D'un seul coup, je sens à nouveau le trou dans la poitrine et l'impression de chuter. Mes mains se mettent à trembler légèrement. La Fernandez m'observe, et quand elle reprend la parole, sa voix a perdu son ton sarcastique. Elle est juste douce. Une pommade sur mes maux.

6 **qc frappe qn** *ici :* etw fällt jdm auf – 16 **violer une règle** ≠ respecter une règle – 20 **le °harcèlement** Belästigung – 28 **chuter** tomber – 31 **une pommade** Salbe

– C'est normal d'avoir peur, Quentin. C'est même très sain. Les acteurs qui n'ont pas le trac sont de bien piètres acteurs.

Je lui ai passé un coup de fil, ce matin. On est samedi. Je n'ai pas dormi de la nuit. Je pensais à Dylan, à Julie, à Heathcliff, à ma sœur, je me demandais ce que je faisais au milieu de tout ça, comment j'allais évoluer, quel avenir je me préparais. Je voyais mon père et sa zappette, ma mère et sa couleur de cheveux qui n'est jamais celle qu'elle désire. L'immeuble. Le quartier. Le chantier de la résidence, près du château d'eau.

L'angoisse est montée.

Je ne parvenais pas à la contrôler.

De très bonne heure, je suis allé marcher dans les rues. Je suis allé loin, vers les quartiers extérieurs, à la limite de la campagne. Là où il n'y a plus aucun immeuble. Juste des pavillons, regroupés en lotissements. Plus loin encore. Dans les premiers villages. Les maisons séparées les unes des autres. Les anciennes longères réhabilitées.

Je savais qu'elle habitait là, bien sûr.

Elle nous avait donné à tous son adresse et son numéro de téléphone, pour l'option théâtre. En cas d'urgence. J'ai considéré que j'étais un cas d'urgence. Je l'ai appelée. Il était 9 h 30 du matin. J'étais convaincu qu'elle serait partie en week-end, ou qu'elle refuserait de me répondre. Quand j'ai entendu sa voix, j'ai failli raccrocher – mais je devais me sentir vraiment mal, parce que je me suis présenté et que j'ai expliqué que j'étais là, à côté de chez elle, à l'écart pour ne pas la déranger. Elle m'a demandé ce qui se passait et, là, quand j'ai voulu répondre, je ne sais pas ce qui m'a pris, mais j'en ai été incapable – à la place, un torrent. Un vrai torrent. Je n'arrivais plus à m'arrêter de pleurer. Comme si une digue avait cédé. Tout ce que je retenais depuis plusieurs jours.

2 **avoir le trac** *fam* avoir peur – 2 **piètre** mauvais – 3 **un coup de fil** un coup de téléphone – 10 **l'angoisse** *f* la peur – 15 **un pavillon** une petite maison – 15 **un lotissement** Siedlung – 17 **une longère** une ancienne ferme en Bretagne – 17 **réhabilité** rénové – 30 **une digue** Deich – 30 **céder** *ici :* se casser

Elle est sortie en courant. Elle a couru vers moi. Elle m'a prise par le bras – fermement. Elle a dit :

– Allez, Silber, entrez !

Je me suis écroulé dans un fauteuil et j'ai continué à chialer – je ne parvenais pas à mettre un mot derrière l'autre, ni à me maîtriser. Elle s'est assise à côté de moi, et elle m'a tenu la main. Je voyais qu'elle était très inquiète. Elle devait croire qu'il y avait mort d'homme. J'ai tenté de la rassurer. Le seul homme mort, c'était moi. Ce n'était rien. C'est ce que j'ai réussi à bredouiller, entre deux sanglots.

– C'est rien, madame. C'est rien.

– C'est quelque chose, Silber. On pleure toujours pour quelque chose. Surtout vous.

– Pourquoi surtout moi ?

– Je ne suis pas persuadée que cela vous arrive souvent.

– Jamais, madame.

– C'est ce que je dis. Vous voulez du thé ?

Petit à petit, les hoquets se sont calmés et mes yeux se sont asséchés. Restait un fond de mal de tête, mais Mme Fernandez avait déjà prévu le coup – elle m'avait apporté une aspirine, à côté de la tasse de thé.

– Je pensais que vous ne seriez pas là.

– Je suis en plein rangement.

– Vous déménagez ?

– Parlons plutôt de vous, Quentin. Vous pouvez m'expliquer, maintenant ?

Je fais ce que je peux. Au départ, je bute sur les mots, sur les noms, les prénoms, les sentiments – et puis petit à petit, je trouve mon rythme, mon phrasé, mon souffle. Les éléments se mettent en place, Dylan, à qui je ne pensais pas tenir autant, Julie dont je n'ai pas supporté l'attitude, Heathcliff qui m'a claqué la porte au nez et dont, curieusement, je comprends la réaction, l'impression de m'être fait piéger, d'être comme

4 **chialer** *fam* pleurer – 10 **un sanglot** Schluchzer – 18 **un °hoquet** *ici :* Schluchzer – 19 **s'assécher** → sec – 23 **le rangement** Aufräumen, Ausmisten – 33 **se faire piéger** in die Falle gehen

ce terrain vague près du château d'eau, en construction, mais en construction vers quoi ? Vers une résidence pourrie qui bloquera l'horizon et servira à ses habitants à se réfugier derrière des murs et des barricades, pour éviter de rencontrer leurs voisins ? Comme mon père et ma mère, qui sont tellement transparents l'un pour l'autre qu'ils ne se touchent plus jamais – et ma sœur, qu'est-ce qu'elle va devenir, ma sœur, dans tout ça ?

Les larmes ne sont pas revenues – à la place il y avait de la fatigue. Une immense lassitude. Et l'envie de m'endormir, là, sur le fauteuil, pour me réveiller dix, vingt ans, trente ans plus tard, quand les problèmes seraient résolus. Ça, je l'ai dit à voix haute.

– Quentin, dans dix, vingt ou trente ans, les problèmes seront les mêmes. À partir du moment où vous vivez avec des êtres humains, vous avez des relations complexes. C'est l'essence même de la vie.

– Moi, je croyais que c'était simple, les amitiés, les amours, tu aimes, tu n'aimes plus, voilà, binaire.

– Vous n'êtes pas binaire, Quentin, vous le savez bien. Personne ne l'est. Tom est loin de l'être, non ?

– J'en ai marre de Tom, parfois.

– Je comprends, mais c'est bientôt fini. Encore dix jours.

– Je retourne à Saint-Ex l'année prochaine. Je crois que le proviseur ne fera pas de difficultés. Voilà, je suis venu vous dire ça, aussi. En plus de tout le reste. Je voulais vous remercier aussi.

– Vu l'état dans lequel ça vous met, je ne suis pas sûre de vouloir être remerciée.

– La porte que vous avez ouverte, madame. Je la garde à l'esprit. Je retourne à Saint-Ex, mais je vais continuer le théâtre, je crois. Et puis aussi les études. Il y a des cours, ailleurs qu'à Clemenceau ?

– Plusieurs, oui. Je vous indiquerai les bons. Je…

10 **la lassitude** Überdruss – 19 **binaire** *ici :* soit l'un, soit l'autre (*ici :* amoureux ou pas amoureux)

J'ai relevé la tête. C'était la première fois que j'entendais la Fernandez s'arrêter au milieu d'une phrase.

Et hésiter. Elle se mordillait le pouce et fixait la portefenêtre, en face d'elle.

– Quentin, je suis contente que vous soyez venu. Je… Et curieusement, je suis contente aussi que vous retourniez à Saint-Ex. Je… Comme je vous l'ai dit tout à l'heure, je suis en plein rangement et… je m'en vais, moi aussi, Quentin. Je… j'ai demandé ma mutation, je l'ai obtenue, je quitte Clemenceau.

J'ai failli lâcher la tasse que j'avais dans les mains – un peu de thé s'est renversé sur le parquet, mais Mme Fernandez a fait un geste de la main pour signifier que ça n'avait aucune importance.

– Quoi ? Mais vous… Enfin… l'option… vous…

– Oui. Je pense que je vais avoir beaucoup de réactions comme la vôtre. En fait, vous êtes la première personne, à part l'administration, à être prévenue. L'option, c'est l'option. Une option, ce n'est pas une vie. Je…

– Vous avez rencontré quelqu'un ?

Et d'un seul coup – l'éclat de rire, venu du ventre. Celui qui illumine la pièce. Celui qui rejoint le ciel de juin, dehors.

– Mais j'ai quelqu'un, Quentin ! J'ai toujours eu quelqu'un ! Simplement, il n'habite pas dans le coin.

– Et vous le rejoignez ?

– Je me rapproche. Et je me rapproche aussi de mes parents. Ils vieillissent. Il faudra bientôt que je les prenne en charge.

– Mais je croyais que… enfin, vos relations avec vos parents ne sont…

– Il y a ce qu'on sent, Quentin. Et il y a les devoirs. Avec le temps, on apprend à comprendre, à mettre en contexte. Cela ne signifie pas nécessairement pardonner. Je dois m'en occuper, matériellement, comme ils se sont matériellement occupés de moi quand j'étais enfant.

3 **mordiller** knabbern – 3 **le pouce** Daumen – 9 **une mutation** un transfert professionnel – 26 **prendre qn en charge** s'occuper de qn – 29 **un devoir** Pflicht

– Je n'arrive pas à croire que vous ne serez pas là l'an prochain.

– Moi non plus. Mais pour vous, au fond, ça ne change pas grand-chose.

– Je ne sais pas. Je pensais que vous seriez toujours là pour…

– Étancher les larmes ?

– Me donner des conseils, me houspiller, m'appeler Silber, me casser, faire naître en moi de la fierté.

– C'est joli, ça, Silber.

– C'est parce que c'est vrai.

– Je ne serai pas loin, Quentin. Deux cents kilomètres. Des mails. Des coups de fil. Nous pouvons rester en contact, si vous le désirez. Vous voulez que je jure croix de bois croix de fer, si je mens, je vais en enfer ?

– Non, je vous crois.

– Bien. Ah… Il y a un truc que j'ai raté avec vous, Silber.

– Quoi donc ?

– Vous ne jouez pas. Vous êtes le personnage. Vous l'habitez. Cette voie-là est dangereuse. Si vous persistez, vous allez souffrir à chaque fois. Et procurer des émotions très fortes au spectateur.

– Comment le savez-vous ?

– Je suis le spectateur, Quentin. À partir de maintenant, je ne suis plus le metteur en scène. Je suis votre spectatrice.

6 **étancher** stillen – 7 **houspiller qn** jdn ausschimpfen – 8 **casser qn** *ici : fam* jdn in die Schranken weisen – 13 **Je jure croix de bois croix de fer, si je mens, je vais en enfer** *Schwurformel von Kindern* – 16 **rater** *ici :* verpassen – 18 **habiter** *ici :* verkörpern – 19 **une voie** Weg – 19 **persister** continuer – 20 **procurer** *ici :* bereiten

SCÈNE IV

11 JUIN

ON Y EST PRESQUE. Dans moins de vingt heures, le spectacle commence.

Il est 2 heures du matin – je n'arrive pas à aller me coucher. Les images de cette année défilent devant mes yeux, tandis que je relis ce carnet. Je me souviens du moment où je l'ai acheté, deux jours avant la rentrée à Clemenceau. Je m'étais dit que j'étais en littéraire, et qu'un littéraire, ça devait écrire, non ? Au début, je voulais rédiger une sorte de journal. Comme les filles de ma classe, au collège. Ensuite, j'ai oublié. Et puis je l'ai retrouvé.

Il y a des creux et des pleins – à l'image des mois qui viennent de s'écouler. Je n'ai peut-être pas toujours été fidèle à ce qui s'est réellement passé. J'ai trafiqué certains dialogues, j'ai arraché des débuts de page qui ne correspondaient à rien. Mais ce qui est sûr, c'est que ce qui reste est un reflet exact de ce que j'ai ressenti. C'est curieux, finalement, c'est à mi-chemin entre une pièce et un journal intime – en fait, ça ressemble à un roman. Comme les gens que j'ai rencontrés et dont je parle ici – une fois le cahier refermé, ils deviennent des personnages. Des personnages qui vivent en moi – même quand ils m'ont quitté. Je me sens moins seul.

Je suis moins seul.

D'abord, j'ai les coordonnées de Catherine Fernandez. Nous devons nous voir une fois, pendant les vacances d'été. Elle reviendra prendre le reste de ses affaires, et elle m'a promis de m'emmener déjeuner dans un restaurant – « un vrai restaurant, Silber, pas un McDo ou une pizzeria ».

14 **fidèle** treu – 15 **trafiquer qc** *ici :* retoucher à qc – 16 **arracher** zerreißen – 17 **un reflet** *ici :* Abbild – 25 **les coordonnées** *fpl* adresse et numéro de téléphone

Heathcliff m'a écrit aussi – quelques lignes – pour s'excuser. Il a appris que j'allais retourner dans mon ancien établissement, il se doute qu'il y est pour quelque chose, et il en est très secoué. Il reconnaît que, parfois, il ne se rend pas compte des conséquences de ses actes sur la vie des autres. Il espère que, dans quelque temps, quand tout ça se sera tassé, nous pourrons nous retrouver. Devenir ce que nous sommes destinés à être – des amis.

Je ne lui ai pas répondu. Je dois réfléchir avant. Mais j'ai aimé le fait qu'il m'écrive une lettre. Personne ne m'écrit jamais de lettre. Dylan m'a envoyé un SMS, avec trois lettres dessus : « R.A.S. » Je ne désespère pas qu'un jour, il prenne le temps de me donner plus de nouvelles.

Mes parents et moi, on est retournés chez Thénard, à Saint-Ex. L'entrevue a été beaucoup plus courtoise que celle de l'an dernier. Il m'a félicité pour les progrès en attitude, mais continue d'être circonspect sur le travail fourni. Néanmoins, il est prêt à me reprendre à condition que je signe un contrat éducatif, dans lequel il est spécifié que je me tiendrai à carreau et que je travaillerai d'arrache-pied. Il s'est surtout congratulé longtemps de ce « pari pédagogique » qu'il avait pris, et réussi. Il allait de ce pas téléphoner à l'inspecteur d'académie pour lui raconter tout ça. En se faisant mousser comme il se doit. En sortant de son bureau, mon père a distinctement murmuré « Connard », mais tout le monde a prétendu ne rien avoir entendu.

Mes parents et ma sœur viendront à la représentation. Ma sœur s'en fait toute une joie. Cela fait déjà trois jours qu'elle a préparé les habits qu'elle va mettre. Son tee-shirt Pokémon. Son serre-tête rose. Je crains le pire.

4 **secoué** erschüttert – 6 **se tasser** *ici : fam* sich legen – 12 **R.A.S.** *abrév de* rien à signaler – 15 **courtois** poli – 17 **fourni** *ici :* geleistet – 17 **néanmoins** dennoch – 19 **se tenir à carreau** *expr* avoir un bon comportement – 20 **travailler d'arrache-pied** travailler très dur – 23 **se faire mousser** *fam* prahlen – 27 **une représentation** *ici :* Vorstellung – 30 **un serre-tête** Haarreif – 30 **craindre qc** avoir peur de qc

Tout à l'heure, quand j'ai commencé à claquer des dents, elle m'a demandé ce que j'avais.

– Peur, mon lapin.

– Le lièvre, c'est toi. Moi, je suis la tortue. Peur de quoi ?

– Ça te dirait, toi, de réciter des textes devant quatre ou cinq cents personnes ?

– Ben, non, mais moi, je fais pas de théâtre. Au fait, il est comment le théâtre ?

– Beau.

Cela fait maintenant une semaine qu'on répète toutes les fins d'après-midi au théâtre municipal, dans lequel je n'étais jamais entré. Les plafonds sont peints – des fresques datant du XIXe siècle, paraît-il. Les fauteuils en velours rouge, les dorures, les lourdes portes – tout m'a impressionné. Nous a tous impressionnés, même ceux qui ont déjà joué ici. D'un seul coup, dans le groupe, c'était le silence. Julie m'a jeté un coup d'œil – je me suis dit qu'elle avait envie de se blottir contre moi, à ce moment-là, mais c'est trop tard. Mes relations avec elle hésitent entre le polaire et le glacial, mais nous parvenons à feindre la complicité, sur scène. Ce qui signifie que maintenant, je sais jouer. Enfin, pendant un temps limité, parce que, quand je m'en vais dans les coulisses, je n'ai qu'une idée en tête, lui hurler dessus – sur elle et sur sa nouvelle copine, Amélie, l'excitée qui joue le rôle de ma mère. Celle-là, elle me toise et me méprise au plus haut point, surtout depuis qu'elle sait que nous avons rompu, Julie et moi – et encore davantage depuis qu'elle a été informée de mon retour à Saint-Ex. Il paraît qu'elle a lancé que c'est là que retournait la poussière : à la poussière. Parfois, quand nous jouons ensemble, j'ai envie de lui prendre sa petite tête et de l'éclater contre un des éléments du décor. Le pire, c'est que ça sert la pièce, cette haine. Nous sommes vraiment en colère l'un contre l'autre – et là, plus question de faux-semblants et de jeu. Nous sommes prêts à nous déchirer.

12 **un plafond** Decke – 14 **une dorure** Vergoldung – 17 **se blottir contre qn** sich an jdn kuscheln – 20 **feindre** vortäuschen – 28 **la poussière** Staub

À tel point que hier soir, à la fin de la scène d'ouverture, Catherine Fernandez était vraiment secouée et n'a rien trouvé à redire, pour la première fois. Elle a simplement murmuré : « Vous êtes prêts. Vous êtes vraiment prêts. »

Nous sommes prêts.

Eux, oui.

Moi, non.

J'ai les intestins dans la gorge et le foie descendu au niveau du sexe. J'ai essayé de m'abrutir de musique, d'images, mais rien n'est parvenu à apaiser la terreur. Le seul moment où je me suis calmé, c'est quand Anna m'a lu une histoire. Vu mon état, a-t-elle décrété, il fallait inverser les rôles. Je me suis calé dans son lit et elle m'a demandé ce que je voulais qu'elle me lise. J'ai haussé les épaules, alors elle a choisi pour moi. Elle a pris le livre de contes, s'est arrêtée deux secondes sur les illustrations du *Lièvre et la Tortue*, et puis est allée plus loin, sur l'histoire des trois boucs et du troll qui garde le pont. J'ai entendu sa voix – et, en écho, les intonations de Julie quand elle incarne Laura. Je me suis détendu d'un seul coup et je me suis endormi, là, dans la chambre de ma sœur.

Quand je me suis réveillé, elle s'était recroquevillée à côté de moi. Elle ronflait légèrement. Sur le réveil, il était minuit passé. J'ai rejoint ma chambre.

Cela fait deux heures et demie maintenant que je suis assis sur mon lit, en train de griffonner sur ce carnet.

J'écris pour ne pas oublier.

Oublier que c'est l'horreur.

Le calvaire.

Et que, tout au fond de moi, une partie de mon être n'a plus envie de partir en courant à l'autre bout du monde – mais de se battre. D'affronter. Le public. Les parents. Les profs. Les élèves. Les spectateurs. Amélie, Julie, Heathcliff. Le monde. Et le texte. Surtout le texte.

10 **apaiser** calmer – 12 **inverser** tauschen – 12 **se caler** s'installer – 17 **un bouc** Ziegenbock – 19 **se détendre** se relaxer – 21 **se recroqueviller** *ici :* sich kuscheln – 28 **un calvaire** un martyre

SCÈNE V

11 JUIN – 20 H 25

DU BRONZE.

Je jette un coup d'œil à Amélie, qui se tient debout, à quelques mètres de moi. Jamais on ne pourrait croire que dans quelques minutes, elle va se transformer en une mère mythomane. Elle a enfilé cette robe longue, un peu élimée, symbole d'un autre temps. Aucun des traits de son visage ne bouge.

Julie, à ses côtés. Les yeux fermés.

Je n'y arriverai pas.

Heathcliff s'est retiré dans les loges. Il n'intervient que plus tard. Il n'avait pas envie de voir le début de la pièce. Il préfère surgir sur la scène par hasard, comme son personnage. Décalé. Émissaire de la réalité.

Je n'y arriverai pas.

J'inspire lentement. Je compte jusqu'à cinq. J'expire. Je compte jusqu'à dix. Je recommence.

Les images qui me poursuivaient se raréfient. Je revois Heathcliff, assis à mon bureau, dans ma chambre. Son abandon. Et puis son dos, pendant que nous descendions les escaliers. Dylan, devant le terrain vague. Julie, le soir où nous sommes devenus un couple. La main de Catherine Fernandez, sur la mienne.

« Oui, j'ai des tours dans mon sac, j'ai des tours dans ma manche : cependant, je suis le contraire d'un prestidigitateur de salon, car lui vous présente une illusion qui a l'apparence de la vérité ; moi, je vous offre la vérité affublée du masque plaisant de l'illusion. »

7 **mythomane** krankhaft verlogen – 7 **élimé** abgewetzt – 14 **surgir** arriver soudain – 19 **se raréfier** devenir plus rare – 21 **l'abandon** *m ici :* Entspannung – 25 **avoir des tours** *mpl* **dans son sac** *expr* Tricks auf Lager haben – 28 **affublé de qc** qui porte qc

C'est le début de la pièce. La première scène. Ma dernière, ici, au milieu d'eux.

Je suis le narrateur. Je suis aussi un personnage de la pièce.

Acteur.

Je suis un acteur.

Je ferme les yeux.

Sorti de nulle part, un lac. La brume qui se lève, le matin. Je suis dans le canoë. Je vais traverser l'étendue d'eau.

« Pour commencer, je renverse le cours du temps. »

Si je renverse le cours du temps, je me retrouve au début de l'année, dans la classe de Largentier. Je dessinais des carrés, des murs, des croix.

De l'autre côté du rideau, le silence se fait. Le proviseur de Clemenceau s'avance. Il rend hommage. Au travail fourni par les élèves. À l'investissement exceptionnel de Mme Fernandez, dont tout le monde ici reconnaît les qualités. « Un investissement qui va nous manquer, puisque c'est la dernière année qu'elle passe parmi nous. » Murmure dans l'assistance. « Madame Fernandez rejoint sa région d'origine et cette pièce, qui lui tient particulièrement à cœur, est donc la dernière création qu'elle nous montrera. »

« Pour commencer, je renverse le cours du temps. »

Une vision de moi, dans quelques années. Je bois du thé avec Catherine Fernandez. Nous sommes dans un jardin, sous un cerisier. Elle est vieille. Elle est aussi vieille qu'Amanda. Elle sourit. Elle murmure : « Vous vous souvenez, Quentin ? Vous étiez fier de jouer Tom. Mais vous n'y croyiez pas vraiment. Vous pensiez que vous n'y parviendriez pas. Vous disiez que vous n'étiez pas fait pour être acteur. »

D'un seul coup, un grand calme à l'intérieur.

Mes mains sont en bronze. Mes bras sont en bronze. Mes jambes sont en bronze. Et pourtant, je peux les bouger.

10 **renverser** *ici :* umdrehen – 10 **le cours** *ici :* Lauf – 13 **un rideau** Vorhang – 15 **un investissement** *ici :* un engagement – 18 **l'assistance** *f ici :* le public – 25 **un cerisier** Kirschbaum

Prendre la pagaie et commencer la traversée. Plus rien n'existe alentour.

Le gilet que je porte, c'est celui de Tom.

Le pantalon de velours rapiécé, c'est celui de Tom.

Ma mère m'agace. Mon père est absent. Ma sœur a besoin de moi.

C'est ce que je veux faire.

C'est ce que je veux faire de ma vie.

Partir à l'autre bout du monde dans des peaux qui ne sont pas les miennes. Dans les peaux de papier qu'un écrivain mort a créées, des années avant ma naissance.

Incarner.

Je veux incarner.

Je suis en bronze, mais je vais incarner. Cela vous paraît incompatible ? Peut-être, mais vous savez, j'en ai surpris plus d'un. Car, *« oui, j'ai des tours dans mon sac, j'ai des tours dans ma manche. Je suis le contraire d'un prestidigitateur de salon »*.

« Je vous offre la vérité affublée du masque plaisant de l'illusion. »

Fin du discours. Applaudissements.

Lever de rideau.

4 **rapiécé** geflickt – 12 **incarner** verkörpern – 15 **incompatible** qui ne peut pas aller ensemble

Biographie

© *Actes Sud Junior, Paris*

Jean-Philippe Blondel est né en 1964. Il est marié, a deux enfants et enseigne l'anglais dans un lycée près de Troyes depuis bientôt vingt ans. Il mène en parallèle une carrière d'écrivain, en littérature générale et en littérature jeunesse.

Bibliographie

Littérature générale

Mariages de saison, Buchet/Chastel, 2016
Un hiver à Paris, Buchet/Chastel, 2014
6h41, Buchet/Chastel, 2013
Et rester vivant, Buchet/Chastel, 2011
G229, Buchet/Chastel, 2011 (Prix Virgin-Version Femina)
Le Baby-sitter, Buchet-Chastel, 2010
À contretemps, Robert Laffont, 2009
This is not a love song, Robert Laffont, 2007 (Prix Charles Exbrayat en 2008)
Passage du gué, Robert Laffont, 2006 (Prix Biblioblog en 2007)
Un minuscule inventaire, Robert Laffont, 2005
Juke-box, Robert Laffont, 2004
1979, éditions Delphine Montalant, 2003
Accès direct à la plage, éditions Delphine Montalant, 2003 (Prix Marie-Claire-Blais en 2005)

Littérature jeunesse

Le groupe, Actes Sud Junior, 2017
**La coloc,* Actes Sud Junior, 2015
**Double Jeu,* Actes Sud Junior, 2013
Brise-Glace, Actes Sud Junior, 2011 (Prix des collégiens et des lycéens de Charente)
(Re)play !, Actes Sud Junior, 2011
Qui vive ? (travail d'écriture d'après des photos de Florence Lebert), Éditions Thierry Magnier, 2010 (Prix Amerigo Vespucci jeunesse en 2011)
**Blog,* Actes Sud Junior, 2010
Au rebond, Actes Sud Junior, 2009
Un endroit pour vivre, Actes Sud Junior, 2007

*Les romans marqués d'une étoile sont aussi parus aux éditions Ernst Klett Sprachen